Frank Jetter · Rainer Skrotzki

Führungs-kompetenz

Die Führungskraft als Vorbild, Manager, Koordinator, Macher, Teamentwickler, Coach, Experte und zugleich Lernender

WALHALLA
METROPOLITAN

Bibliografische Information Der Deutschen Bibliothek
Die Deutsche Bibliothek verzeichnet diese Publikation in der Deutschen Nationalbibliografie; detaillierte bibliografische Daten sind im Internet über http://dnb.ddb.de abrufbar.

Zitiervorschlag:
Frank Jetter/Rainer Skrotzki (Hg.), Führungskompetenz
Walhalla Fachverlag, Regensburg, Berlin 2005

Paperbackausgabe mit freundlicher Genehmigung des Metropolitan Verlages

Produktion: Walhalla Fachverlag, 93042 Regensburg
Umschlaggestaltung: Gruber & König, Augsburg
Druck und Bindung: Westermann Druck Zwickau GmbH
Printed in Germany
ISBN 3-8029-3369-9

Schnellübersicht

Skillboard Führungskompetenz

Die in diesem Band präsentierten Lernimpulse lassen sich wie folgt kurz erläutern:

Motivationskompetenz

In dem Beitrag „Führungskompetenz durch Motivation und einen dialogorientierten Führungsstil" wird verdeutlicht, dass Führung immer im Zusammenhang mit den Mitarbeitern zu betrachten ist. Gegenseitige Kooperation ist erforderlich. Die einzelnen Führungsstile werden unter dem Aspekt der kooperativen Führung beleuchtet. Der dialogorientierte Führungsstil ermöglicht eine Perspektive, um den diffusen Charakter von situativer und persönlichkeitsabhängiger Führung zu überwinden. Dabei steht der interaktive Austausch zwischen Führungskraft und Mitarbeiter im Vordergrund.

Die Führungskraft erfüllt bei einem dialogorientiertem Führungsstil folgende sieben Rollenanforderungen: Die Führungskraft ist Visionär und Vorbild, Manager und Koordinator, realisierender Macher, Integrator und Teamentwickler, Coach bzw. Förderer und Personalentwickler, Experte und zugleich Lernender. Mit der Ausbildung dieser Identitätskomponenten soll auch das zentrale Feld der Motivation beleuchtet werden, das sich durch vier Wege aktivieren lässt: durch Visionen, Zielvereinbarungen und Aufzeigen von einfachen Wegen, durch Anerkennung und Lob sowie durch die Beteiligung der Mitarbeiter.

Um als Führungskraft zu Führungskompetenz zu gelangen, muss sie sich immer als Lernender in oben genannten Bereichen verstehen. Die vielbeschriebene lernende Organisation ist nur durch lernende Führungskräfte und ihrer Führungskompetenz zu realisieren. Es wird der Frage nachgegangen, wie aus organisationalen Lernprozessen eine lernende Organisation werden kann, indem Führungskompetenz durch Motivationskompetenz sowie durch einen dialogorientierten Führungsstil qualifiziert umgesetzt wird.

Coaching

Gunnar Kunz und Rainer Siewers verdeutlichen in Ihrem Beitrag „Vom Vorgesetzten zum Coach: Neue Führungskräfteleitbilder und ihre praktische Umsetzung" einen aktuellen Ansatz: Unter dem Begriff Führung steht heute das neue Leitbild „Die Führungskraft als Coach", bei dem eine verhaltensorientierte Einflussnahme umgesetzt wird.

Persönliche und verhaltensbezogene Voraussetzungen für das ziel- und mitarbeiterorientierte, partizipative Führen lassen sich dabei bei Führungskräften durch verschiedene Maßnahmen entwickeln. Dabei ist besonders auf die Auswahl der Transferschritte zu achten, mit denen die Führungskultur im Unternehmen verändert werden soll.

Es bedarf einer neuen und partnerschaftlichen Lernimpulskultur, die durch Feedback- und Führungskultur die Mitarbeiter auf allen Ebenen persönlicher Leadership-Kompetenz – also fachlich, methodisch, sozial und strategisch – weiterqualifizieren.

Pädagogische Führung

Im Beitrag „Von der Personalentwicklung zur pädagogischen Führung" verdeutlichen Wolfram Theymann und Walter Hofmann, dass eine Personalentwicklung zur pädagogischen Führung Schlüsselqualifikationen für Führungskräfte enthält. Führung hat nach diesem pädagogischen Ansatz etwas mit Interaktion zu tun – der Interaktion zwischen Führungskräften und ihren Mitarbeitern sowie der Förderung der Interaktion zwischen den Mitarbeitern und mit anderen Führungskräften. Personalentwicklung ist dabei immer auch als Führungsaufgabe zu verstehen, für sich selbst als Führungskraft als auch für die Mitarbeiter. Nur so kann das Lernen in Organisationen umgesetzt werden.

Projektmanagement

Thomas Eckhardt erläutert in seinem Beitrag „Konflikte im Projektteam: Hilfe durch kommunikative und organisatorische Erfolgsintelligenz“ am Beispiel des Projektmanagements, wie Konflikte und Widerstände im Projektteam durch kommunikative und organisatorische Erfolgsintelligenz bewältigt werden können. Um Projekte erfolgreich zu gestalten benötigt eine Führungskraft zwei wesentliche Kenntnisse: das Know-how über die Umsetzung von Projektmanagement und Grundkenntnisse über das menschliche Verhalten.

Widerstandsreaktionen von Mitarbeitern im Projekt gegen im Projektverlauf unweigerlich entstehende Veränderungen können durch die Rolle der Führungskraft sowie durch Veränderungslernen im Gruppenprozess überwunden werden. Kommunikative und organisatorische Erfolgsintelligenz erweisen sich dabei als Schlüsselqualifikation.

Wissensmanagement

Im Lernimpuls „Wissensmanagement als Führungsaufgabe“ von Matthias Freitag geht es um die Bedeutung des Produktionsfaktors Wissen und die Anwendung von Wissensmanagement im konkreten Projekt- und Arbeitsalltag. Im Kontext von Unternehmensführung liegt es nahe, den Ressourcencharakter von Wissen hervorzuheben: Wissen wird verstanden als die Gesamtheit der Kenntnisse und Fähigkeiten, die Individuen und Organisationen zur Lösung von Problemen einsetzen. Unternehmen müssen, um wettbewerbsfähig zu bleiben, Wissen gezielt managen.

Ziel des Wissensmanagements ist es, das im Unternehmen vorhandene Potenzial an Wissen so aufeinander abzustimmen, dass ein integriertes unternehmensweites Wissenssystem entsteht, welches die unternehmerische Wissensverarbeitung im Sinne der Unternehmensziele optimal gewährleistet.

Qualitätsmanagement

Rainer Haase erläutert in seinem Lernimpuls „Qualitätsmanagement von Führungskräften in sozialen Organisationen", warum Qualitätsmanagement für Leitungskräfte in sozialen Dienstleistungsbetrieben und -organisationen unentbehrlich wird. Weit reichende Erwartungsveränderungen aus der „Organisationsumwelt" kommen auf öffentliche, freie und gewerbliche soziale Dienstleister zu. Die Problematik, hohe Qualität bei niedrigen Kosten, muss bewältigt werden. Management sozialer und pädagogischer Dienstleistungen kann daher nur noch als Qualitätsmanagement verstanden werden. Das Dienstleistungsprodukt muss dabei zunächst definiert werden, bevor es gemessen und optimiert werden kann. Dieser Lernimpuls zeigt, wie die Qualität sozialer Dienstleistungsprodukte bestimmt, kontrolliert und der Aufbau von Qualitätsmanagement durch Führungskräfte erreicht werden kann und bietet eine Auswahl von Methoden.

Das EFQM-Modell

Claudia Brasse und Michael Kohlgrüber stellen in ihrem Lernimpuls „Das EFQM-Modell in der Anwendung durch Führungskräfte" das umfassende Modell der European Foundation for Quality Management vor. Dieses Excellence-Modell der EFQM ist die Grundlage für die Vergabe des Europäischen Qualitätspreises (European Quality Award; EQA), der 1991 eingeführt wurde. Die Bewerbung um den Preis erlaubt es europäischen Unternehmen, ein Feedback von externen Assessoren zu erhalten, in dem die Stärken und zu verbessernde Bereiche aufgezeigt werden. Die Grundprinzipien sind dabei: Ergebnisorientierung, Kundenorientierung, Führung und Zielkonsequenz, Management mit Prozessen und Fakten, Mitarbeiterentwicklung und -beteiligung, kontinuierliches Lernen, Innovation und Verbesserung, Aufbau von Partnerschaften, und Verantwortung gegenüber der Öffentlichkeit.

Mitarbeiterbeteiligung

Rüdiger Eschenbach und Walter Heering verdeutlichen in ihrem Betrag „Mitarbeiterbeteiligung: Management-Konzepte und innovative Beteiligungsformen" die in fast allen Qualitätsmanagementmodellen zu berücksichtigende Möglichkeit der Mitarbeiterbeteiligung. Bei sich angleichenden Produktionskonzepten wird der Faktor Mensch zentral, die Motivationssteigerung der Belegschaft und der Führungskräfte grundlegend. Drei Dimensionen der Mitarbeiterbeteiligung und der Einführung einer solchen Philosophie durch Berater im Unternehmen bei den Mitarbeitern und Führungskräften werden erläutert: die partizipationspolitische, die beschäftigungspolitische und die vermögenspolitische Dimension.

Lebensbegleitendes berufliches Lernen

Voraussetzung für verändertes Lernen von Beschäftigten und insbesondere von Führungskräften ist nach unseren Erfahrungen, dass sich Arbeitskultur und Lernkultur unter dem Dach der Unternehmenskultur vereinigen sollten.

Individuelle Weiterbildung

In der aktuellen Diskussion wird in diesem Zusammenhang von Individualisierung und Pluralisierung in der Weiterbildung gesprochen. Individualisierung deshalb, weil Angebote speziell auf und mit den jeweils Betroffenen geplant und abgestimmt werden müssen. Wir sprechen von Pluralisierung, weil auch bezogen auf das methodische Vorgehen mehr und mehr unterschiedlichste Ansätze berücksichtigt werden. Besonders bei der Qualifizierung von Führungskräften bietet sich diese Herangehensweise an. Die individuelle Aneignung der Qualifizierungsinhalte ist berufsbegleitend zu ermöglichen. Das heißt nicht, dass es nur noch In-House-Schulungen oder keine klassischen seminaristischen Weiterbildungen mehr geben wird oder passgenaue Weiterbildung auf den Sinn der fachlichen Qualifizierung reduziert werden soll.

Im Gegenteil: Arbeits- und Lernkultur unter dem Dach der Unternehmenskultur zu gestalten meint, bei der konzeptionellen Integration eines Personalentwicklungsprogramms die Unternehmensspezifik zu berücksichtigen und Theorie und Praxis durch berufs- bzw. betriebsbegleitende Aktivitäten zu verzahnen.

Die maßgeschneiderte Anpassung von beruflicher Bildung hat noch weitgehendere Konsequenzen, die bislang wenig beachtet wurden. Es sollten neben der Schulung von bestimmten Inhalten oder Themen zuvor und parallel auch betriebliche Rahmenbedingungen Berücksichtigung finden: Dieses setzt für Personalentwickler unternehmerische Orientierungen, die Analyse von Entwicklungsperspektiven sowie oft auch Maßnahmen zur Organisationsentwicklung voraus. Personalentwicklung ist also immer auch im Zusammenhang mit der Organisationsentwicklung zu sehen.

Schließlich müssen diese Erkenntnisse auch in ein neues Beratungs-, Qualifizierungs- und Führungskräfteentwicklungskonzept eingearbeitet werden: Eine systemische Personalentwicklung könnte entwickelt werden mit dem Ziel, ein Personalentwicklungskonzept und Qualifizierungen aus der Unternehmenskultur abzuleiten bzw. sie dort ein- oder anzupassen.

Berufsbegleitende Qualifizierung

In einer Umfrage bei Führungskräften, die wir im Jahre 1999 durchgeführt haben, sind die genannten Rahmenbedingungen bewertet worden.

Wie sich zeigt, sehen Führungskräfte lernimpulsmodulare Qualifizierung, mit denen Führungskräfte zugleich auch als Promotoren im Unternehmen wirken, als wichtigste Rahmenbedingung für Qualifizierungskonzepte. Gefolgt von beteiligungsorientierten Konzepten, die die Unternehmenskultur des jeweiligen Betriebes berücksichtigt.

An dritter Stelle wird die berufsbegleitende Qualifizierung gesehen, die unternehmensspezifisch die Trennung von Arbeiten und

Einschätzung von Rahmenbedingungen eines Qualifizierungskonzeptes

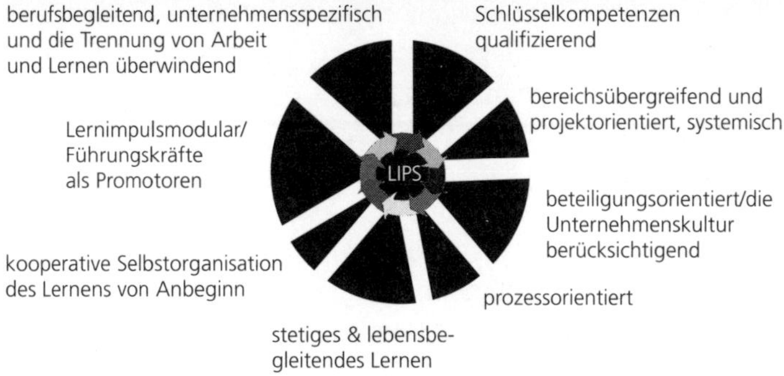

Quelle: Umfrage bei Führungskräften, 1999

Lernen überwindet. Aber auch stetiges und lebensbegleitendes Lernen wird als wichtig angesehen und der Erwerb von Schlüsselkompetenzen.

Die geringste Wertigkeit erhält das Element der „kooperativen Selbstorganisation des Lernens von Anfang an“, was darauf hinweist, dass Führungskräfte, die sich qualifizieren und beraten lassen wollen, zunächst auch einen Input von externer Seite her wünschen: Die Grundlagen zu Veränderungsmöglichkeiten sollen erläutert werden und können dann in einem zweiten Schritt durch eigenständiges Lernen weiter umgesetzt werden.

In mittlerer Wertigkeit wird die Prozessorientierung gesehen, das bedeutet: Veränderungen im Unternehmen müssen sukzessive eingeführt werden und können nicht einfach wie eine Käseglocke übergestülpt oder über das Knie gebrochen werden. Prozessorientierung bedeutet auch, die Betroffenen zu Beteiligten an den Entscheidungen zu machen. Damit ist zugleich auch die bereichsübergreifende und projektorientierte, systemische Gestaltung von Qualifizierungen gemeint, die sich an die Prozesse und Entscheidungen angliedern sollen.

Die hier genannten Rahmenbedingungen sind daher auch Grundlage der Entwicklung des Qualifizierungskonzeptes mit Lernimpulsen, das im Rahmen des Projektes „Qualifizierung von Führungskräften" entwickelt und erprobt wurde. Das Projekt wurde von der Landesregierung Nordrhein-Westfalen und mit Mitteln der Europäischen Union gefördert im Programm QUATRO – das steht für Qualifizierung, Arbeit, Technik und Reorganisation. Wir haben in dem bereits erschienenen Handbuch „Managementkompetenz für Führungskräfte" die Erfahrungen zur „Qualifizierung von Führungskräften zum Thema Personalführung und Personalentwicklung" bereits detailliert dokumentiert, im nächsten Abschnitt werden daher zentrale Ergebnisse kurz zusammengefasst aufgegriffen.

Lernimpulse als neues Qualifizierungskonzept für Führungskräfte

LIPS – das Lernimpulse integrierende Personalentwicklungs-System – ist ein entwickeltes und erprobtes, methodisch-didaktisches und inhaltliches System zur Gestaltung und Vermittlung von beruflichen Lehr- und Lernprozessen besonders im Hinblick auf die Qualifizierung von Führungskräften.

L I P S -Personalentwicklung:	
Qualifizierung nach und mit dem Lernimpuls-Konzept	
L	Lernimpulse
I	Integrierendes
P	Personalentwicklungs-
S	System

Dieses Lernimpulskonzept will sich an den oben genannten Rahmenbedingungen orientieren, die für das Lehren und Lernen besonders in kleinen und mittelgroßen Unternehmen identifiziert sind. Heute ist das berufsbegleitende und unternehmensspezifische Lernen, das stetig und impulsmodular erfolgt, von zentraler Bedeutung.

Mit der berufsbegleitenden Qualifizierung von Führungskräften durch das Lernimpulskonzept konnte eine Aufhebung der Trennung von Lernen und Arbeiten für die Zielgruppe der Führungskräfte in der Praxis erprobt werden.

Wie sich abzeichnet, ist es aber auch für die Gestaltung von Lernarrangements für betriebliche Mitarbeiter anwendbar, um Lerninhalte berufsbegleitend mit Hilfe von verschiedenen Lernimpulsen zu transferieren und Lernprozesse zum Beispiel in Workshops oder in Projektteams zu initiieren.

Richtige Planung und Organisation

Ein Schulungsprogramm kann nicht sofort von heute auf morgen oder ziellos entworfen werden. Als besonders geeignet hat es sich erwiesen, wenn externe Personalentwickler einbezogen werden. Diese müssen sich zunächst im Unternehmen orientieren und die Rahmenbedingungen der Corporate Culture, wie Unternehmensziele oder Führungsgrundsätze, und die Arbeitsorganisation prozessorientiert erfassen und gegebenenfalls beteiligungsorientiert entwickeln.

Daraus resultiert, dass Personalentwicklung nicht losgelöst von der Organisationsentwicklung zu verstehen ist und weitere Rahmenbedingungen berücksichtigen sollte wie zum Beispiel die Bildung oder Optimierung von Unternehmenszielen oder Führungsgrundsätzen, sowie eine Analyse der Tätigkeitsinhalte der Stellen (Stellenbeschreibungen). Aber auch die bereichsbezogene und bereichsübergreifende Zusammenarbeit kann durch Neuschneidungen der Organisation und Arbeitsabläufe durch Organisationsentwicklung verbessert werden und ist oft im Vorfeld notwendig, bevor ein effektives „Human-Resource-Development-Konzept" erstellt werden kann.

Nur durch die Verzahnung von Organisationsentwicklung und Personalentwicklung kommen wir zu einer ganzheitlichen Unternehmenssicht, auf der Personalentwicklung und Qualifizierung aufbauen kann. Daher kann Personal- wie auch Organisationsentwicklung nur erfolgreich betrieben werden, wenn das Verhalten Einzelner – und besonders das der Multiplikatoren „Führungskräfte" – in seiner Wechselwirkung innerhalb des „Systems Unternehmen" verstanden wird. Lehr- und Lernkonzepte, die nur auf die Aufgaben einzelner Beschäftigter abzielen, greifen daher zu kurz und müssen in ein übergeordnetes Rahmenkonzept systemischer Personalentwicklung eingebunden werden.

Systemische Personalentwicklung

Bei der Umsetzung einer systemischen Personalentwicklung und veränderten Berufspädagogik werden dabei methodische, didaktische und inhaltliche Bereiche zugrunde gelegt, deren Kerngedanken wie folgt zusammengefasst werden können:

Methodischer Bereich

Es geht vor der Aufstellung einer Personalentwicklungskonzeption um die vorherige Untersuchung und Bewertung der Rahmenbedingungen der Corporate Culture eines Unternehmens. Das heißt, Personalentwicklung sollte immer in Korrespondenz zu der jeweiligen Unternehmenskultur stehen und besonders die Unternehmensziele, Stärken und Schwächen des Unternehmens, das Kerngeschäft, aber auch Innovationspotenziale, Führungsgrundsätze sowie die Mitarbeiterbeteiligung berücksichtigen.

Didaktischer Bereich

Hier steht das Verständnis im Vordergrund, dass durch vielfältige Weisen und Methoden Lernimpulse im Verbund von Lernenden, Berufswelt und Personalentwickler ausgetauscht werden. Es geht dabei nicht nur um die Wissensmehrung, sondern um fünf verschiedene Typen des betrieblichen Lernens: Vertiefungslernen, Verbesserungslernen, Kontextlernen von zusammenhängenden Lernzielen, Veränderungslernen sowie Kompetenzlernen (Erlernen von Schlüsselqualifikationen), wie es im Handbuch Managementkompetenz ausführlicher verdeutlicht wird. Lernziel ist dabei bei jeder didaktischen Ausgestaltung von Lernimpulsen, die vom klassischen Seminar bis zum Workshop oder dem Lernen am Arbeitsplatz ausgestaltet sein kann, die Erhöhung von Selbstlernkompetenzen für die lernende Führungskraft. Auch das Lernen soll gelernt werden.

Inhalte von Lernimpulsen

Die Inhalte von Lernimpulsen sind unternehmensspezifisch bzw. personenspezifisch zu ermitteln. Lernimpulse sollen gerade derart gestaltet werden, dass sie keine Seminare von der Stange sind, sondern sich genau in die spezifischen Anforderungen der Mitarbeiter und dem Unternehmen einfügen. Neben fach- und branchen- bzw. kernkompetenzbezogenen Inhalten geht es bei Lernimpulsen auch um übergreifende Schlüsselqualifikationen, die es für Führungskräfte zu erlernen gilt: Sozialkompetenz, Moderationsfähigkeit, Team- und Konfliktmanagement, um nur einige zu nennen.

Systemisches Konzept

Diese Lernimpulse wirken systemisch, das heißt, sie haben Auswirkungen auch auf andere Veränderungsbereiche im Unternehmen und ziehen weitere angrenzende Qualifizierungsthemen automatisch mit ein.

Es sind also systemische Impulse, die nicht nur auf die Abgabenstruktur der Stelle oder auf eine einzelne Person abzielen, sondern den gesamten Kontext als „kommunizierende Röhren" und sich gegenseitig systemisch beeinflussende Elemente verstehen:

Es geht um Teamstrukturen, organisatorische Strukturen, die Ausstattung mit Technik oder die Einführung neuer Techniken, um die Kollegen und die Führungskraft bzw. die Vorgesetzten der mittleren Führungskräfte.

Eine Definition von systemischer Personalentwicklung in diesem Sinne umfasst daher unter Berücksichtigung der kurz- und langfristigen Unternehmensziele sowie der Führungsgrundsätze und der Unternehmenskultur alle systematisch geplanten Maßnahmen, mit denen das Qualifikationspotenzial der Führungskräfte und Mitarbeiter an die Unternehmensziele und individuellen Weiterbildungswünsche oder auch Qualifizierungsnotwendigkeiten aus gesellschaftlicher Sicht berufsbegleitend angepasst werden und Veränderungen im Sinne einer Lernenden Organisation im System Unternehmen schaffen.

Da die Personalentwicklung mit Hilfe des Lernimpulskonzeptes auf Basis einer angepassten Orientierungs-, Erhebungs- und Analysephase zum Qualifikationsstand des Personals erfolgt, wird ein individuelles Eingehen und eine individuelle Reflexion ermöglicht: Qualifizierung ist daher für Führungskräfte stark an Elementen orientiert, die aus dem Coaching und der Supervision bekannt sind.

Personalentwicklung – insbesondere für Führungskräfte – umfasst somit neben Workshops und klassischen Seminaren besonders Elemente des Coachings und der Supervision mit angepassten Lernimpulsen.

Während Coaching ziel- und handlungsorientierter auf einzelne Personen angelegt ist, kommt bei der Supervision die Reflexion professionellen Handelns hinzu und unterstützt so die intersubjektive Erfahrungsbildung.

Fähigkeit zu vernetztem Denken

Kernkompetenzen, Innovationsfelder, Qualifizierungsbedarf und Probleme im System „Unternehmen" können nur angemessen analysiert und durch Qualifizierung im Sinne von Personal- und Organisationsentwicklung behoben werden, wenn sie sich an dem konkreten Bildungsbedarf sowie an Schlüsselkompetenzen orientieren und wenn das Verhalten Einzelner in Interaktion in seiner Kontexteinbettung verstanden wird.

Personalentwickler und Trainer können sich angesichts der Vernetztheit der komplexen Strukturen des Systems Unternehmen auch nicht länger bloß mit ausgewählten Aspekten der Systeme Unternehmen, didaktische Vermittlung, Aufgaben der Stelle oder Lernprozess widmen.

Berufsbildung für Führungskräfte durch Lernimpulse will somit vielmehr die Fähigkeit zu vernetztem Denken entwickeln und Führungskräfte in die Lage versetzen, die verbindenden Muster durch ihre Schlüsselkompetenzen zu erkennen. Ein betriebsspezifisch angepasstes und fundiertes Konzept „Human-Resource-Development" sollte daher aus der (gegebenenfalls zuvor veränderten) Corporate Culture abgeleitet werden und mit den Unternehmensstrategien korrespondieren.

Wie kann nun betrieblich vorgegangen werden? In einem Projektteam (Steuerkreis) kann eine Anpassung eines solchen Human-Resource-Development-Konzeptes erfolgen. Zunächst können von externen Personalentwicklern Lernimpulse benannt werden, wie bestimmte Fragestellungen hinsichtlich des Führungsverhaltens, kommunikativen Rahmens für die Zusammenarbeit, der Gestaltung von Corporate Culture und der Weiterbildung im Betrieb verändert, qualifiziert und/oder entwickelt werden können. Das Projektteam lernt, selbst gestaltete und betriebsspezifische Konzepte zu entwickeln, die nicht von der Stange externer Weiterbildungsträger kommen oder oktroyierte Managementkonzepte fremder Unternehmen darstellen.

Durch die Nutzung des beschäftigten- und organisationsspezifischen Wissens im Sinne eines austauschorientierten Wissensmanagements kommt dem externen Personalentwickler nur eine durch Lernimpulse initialzündende und damit sekundäre Rolle im weiteren Prozess bei internen oder externen Kunden zu.

Wird schließlich ein Fortbildungsprogramm erstellt, sollte das Projektteam des Steuerkreises bestehend aus den Führungskräften auch darüber hinaus „tagen", um so mit inhaltlichen Anregungen das Vorhaben weiter zu füttern – auch ohne beauftragten Personalentwickler, der dazu beigetragen hat, ein erstes Konzept „auf die Beine zu stellen".

Schließlich treten Personalentwickler auch als Trainer und Seminarleiter auf und können diese Rolle weiterhin auch bei dem aufgestellten Fortbildungsprogramm inhaltlich ausführen, wenn es nach der Qualifizierung eines Steuerkreises auch um die Schulung weiterer Beteiligter geht.

Vielfältige didaktische Methoden

Die berufsbegleitenden Qualifizierungsthemen können durch vielfältige didaktische Methoden und Schulungsformen den Führungskräften und auch Mitarbeitern vermittelt werden – wie zum Beispiel durch

- Arbeitsgruppen
- betriebliche Steuerkreise
- Betriebs-Trainings
- betriebsübergreifenden Erfahrungsaustausch
- Coachings
- Lerngruppen
- überbetrieblichen Erfahrungsaustausch
- In-House-Coaching von Einzelpersonen
- In-House-Schulungen sowie In-House-Workshops
- Lernpartnerschaften: Betriebserfahrene nehmen beispielsweise Auszubildende an die Hand, und Erfahrungswissen kann weitergegeben werden

- klassische Maßnahmen mit Seminarcharakter
- Impuls-Referate
- Reflexionsbesprechungen
- Rollenspiele
- runde Tische
- Tagungen
- Workshops

Ebenso folgt die Vermittlung der Schlüsselqualifikationen innerhalb der inhaltlichen Lernimpulse.

Mit dem Lernimpuls-Konzept werden Führungskräfte mit Personalverantwortung in die Lage versetzt, berufsbegleitend zu lernen und nicht nur Impulse durch Weiterbildungsangebote seminaristischer oder externer Art zu bekommen, sondern Weiterbildung durch einen konkreten Themenbereich, der während der Arbeit oder in betriebsinternen Workshops, Arbeitsgruppen und Projektteams behandelt wird, umzusetzen und auch an ihre Mitarbeiter weitergeben zu können.

Frank Jetter, Rainer Skrotzki

Dank

Das Projekt „Qualifizierung von Führungskräften", das im Rahmen des Programms QUATRO von der Landesregierung Nordrhein-Westfalen und aus Mitteln der Europäischen Union gefördert wurde, war Grundlage für dieses Handbuch und bewegte uns dazu, weitere Autoren anzusprechen, die interessante Lernimpulse aus ihrer täglichen Qualifizierungsarbeit zur breiteren Nutzung zugänglich machen wollten.

Wir danken allen Autorinnen und Autoren für ihr Engagement und die gute und zügige Kooperation.

Hinweis: Die Literaturhinweise finden sich im Anschluss an das jeweilige Kapitel. Innerhalb des Textes sind die entsprechenden Querverweise durch Zahlen in eckigen Klammern gekennzeichnet.

Führungskompetenz durch Motivation und einen dialogorientierten Führungsstil

1

Frank Jetter

1. Führung als fachliche Aufgabe

Führung in Klein- und Mittelunternehmen unterscheidet sich in bestimmten Punkten von der Führung in Großunternehmen – wird oft von Geschäftsführern der kleinen und mittelgroßen Unternehmen betont. Dieses ist insofern nachzuvollziehen, als dass ein kleineres Unternehmen auf Grund der begrenzten personellen Kapazitäten mehr auf einen Multifunktionalismus der Führungskräfte ausgerichtet ist. Eine Führungskraft wird in kleinen und mittelgroßen Unternehmen ein „Allrounder" sein, muss sie doch zahlreiche verschiedene Arbeitsaufgaben erledigen und diese mit einem kleinen Team unter begrenzten finanziellen Ressourcen bewältigen.

Dies geht selten einher mit etablierten und institutionalisierten Managementmethoden oder -instrumenten wie regelmäßigen Mitarbeiterzufriedenheitsanalysen, Personalgesprächen oder der Qualifizierung zum Thema Führungskompetenz.

Legt man also derartige Maßstäbe beispielsweise des Europäischen Qualitätsmanagement-Modells „EFQM" an Klein- und Mittelunternehmen an, ist festzustellen, dass Mittelständler viele in Großunternehmen professionell umgesetzte Verfahren und Instrumente nicht einsetzen können. Oder diese aber auch gar nicht umgesetzt werden müssen, weil beispielsweise ein Familienbetrieb – sofern die Qualität der Produkte und Dienstleistungen stimmt – nicht zwangsläufig Veränderungen vornehmen muss, weder im Qualitätsmanagement noch in der Qualifizierung von Führungskompetenz.

Somit gibt es für Klein- und Mittelunternehmen auch spezifische Anforderungen, die sie oft und sehr gut erfüllen, wie bestimmte theoretische Normen, die für die jeweilige Branche gültig sind. Doch der Verzicht auf systematische Personalentwicklung und qualifizierte Führungskompetenz wird zunehmend eingefordert, da veränderte Wettbewerbsbedingungen, der Strukturwandel sowie Kundenanforderungen neue Rahmenbedingungen auch an die Führung des Unternehmens und der Beschäftigten stellen.

Allen gemeinsam: Notwendige Führungskompetenzen

Zur Führungskompetenz gehören immer bestimmte Tätigkeiten, die einerseits die Führungsposition des Verantwortlichen charakterisieren (wie die kommunikative Vermittlung zwischen Geschäftsführung und Mitarbeiter) oder andererseits – integriert in die fachlichen Aufgaben – auch die Umsetzung von Personalentwicklung und Change-Management betonen.

Folgende Bereiche und Arbeitsinhalte von Führungskräften sind daher spezifisch für Führungsaufgaben sowohl in Großunternehmen als auch in kleinen und mittelgroßen Unternehmen:

- **Unternehmens- und Bereichsführung**
  Führungskräfte sind in diesem Bereich so zu befähigen, dass sie lernen, eine deutliche Arbeitsteilung zu akzeptieren, d. h. eine höhere Delegationsbereitschaft zu erlernen, damit auch die in der Regel häufige Überlastung der Führungskräfte abgebaut wird. Ebenso ist in diesem Zusammenhang die Frage des richtigen Führungsstils und die Art der menschlichen Führung der Mitarbeiter zu beantworten.

- **Arbeitsfreude durch Motivation der Mitarbeiter**
  Führungskräfte lernen in diesem Bereich, die Arbeitseinstellung ihrer Mitarbeiter zu erkunden und auf diese mit motivierendem Verhalten adäquat zu reagieren. Dazu zählt besonders auch die Teamentwicklung und die Bewältigung von Konflikten.

- **Leistungsbeurteilung und Personalgespräche**
  Auch Klein- und Mittelbetriebe sind dazu angehalten, den Einsatz und die Förderung der Mitarbeiter auf Grundlage eines Meinungsbildes über Leistung und Verhalten zu gestalten. Dieses geschieht im Mittelstand dabei oft en passent und ist nicht formell geregelt. Der persönliche Kontakt in kleinen und mittelgroßen Unternehmen ist häufig sehr ausgeprägt. Ein eingeführtes systematisches Instrument zur Be-

urteilung von Mitarbeitern – beispielsweise durch Personalgespräche – führt dabei jeder Führungskraft die Mitarbeiterverantwortung vor Augen und ist in der Anwendung entsprechend zu qualifizieren.

- **Aufgaben und Entlohnung**
  In Klein- und Mittelunternehmen zeigt sich, dass Vergütungen und Nebenleistungen meist geringer ausfallen. Demgegenüber bestehen in kleinen und mittelgroßen Unternehmen vielschichtigere Aufgabenstellungen und Entfaltungsmöglichkeiten der Führungskräfte und auch Mitarbeiter. Diese Aufgabenvielfalt muss durch eine Qualifizierung in der Reorganisation der Aufgaben und Auftragssteuerung in einer Analyse thematisiert werden.

- **Information und Kommunikation**
  Die innerbetriebliche Information durch die Führungskraft spielt für die Mitarbeiter eine zentrale Rolle bei der Umsetzung ihrer Arbeiten. Mitarbeiter sind eher bereit, sich mit größerem Engagement für das Unternehmen einzusetzen, wenn sie durch eine entsprechende Informationspolitik an den Entwicklungen beteiligt oder zumindest darüber informiert werden. Dieser ganz zentrale Aspekt bietet vielerlei Ansatzpunkte für Qualifizierungen von Führungskräften, die als kommunikative Drehscheibe nicht nur bei der Auftragsabwicklung fungieren, sondern auch bei Veränderungs- und Qualifizierungsprozessen im Unternehmen Promotor sind.

- **Zukünftige Entwicklungen**
  Nur wenige kleine und mittlere Unternehmen können sich auf ihren Lorbeeren und etablierten Qualifizierungs- sowie Qualitätsstandards ausruhen und haben eine Marktposition, in der sie proaktives, also vorausschauendes Handeln vernachlässigen können. Führungskräfte sind dazu angehalten, gemeinsam mit den Mitarbeitern Verbesserungsvorschläge für die Stärkung von Kompetenzfeldern oder der

Erkundung von Innovationsfeldern zu generieren. Führungskräfte sind daher in der Umsetzung von kontinuierlichen Verbesserungsvorschlägen, effektiven Besprechungen oder der Moderation von Zukunfts- und Innovationsworkshops zu qualifizieren.

Führung in klein- und mittelgroßen Unternehmen muss sich insofern gar nicht so sehr von der Führung in Großunternehmen unterscheiden, denn die Mitarbeiter in kleinen und mittelgroßen Betrieben unterscheiden sich von denen in Großunternehmen ebenso wenig. Im Gegenteil: Führungskompetenz im Kleinunternehmen muss in ausgeprägterer Form vorhanden sein, da man, um ein Beispiel zu geben, für die Moderation eines Innovationsworkshops eben nicht einen vorhandenen Moderator der PE-Abteilung einsetzen kann, wie es bei Großunternehmen der Fall wäre.

„Sich durchwursteln" oder lebensbegleitendes Lernen

Die Qualifizierung von Führungskompetenz im Unternehmen hat inhaltlich (fachlich) zahlreiche Aspekte abzudecken, ist aber auch auf das gesamte Unternehmen und die Belegschaft hin ausgerichtet, also nicht nur auf die Zielgruppe der Führungskräfte bezogen, sondern umfassender. Zudem geht es um die Führung von Teams und Menschen, die neben der Routine des Tagesgeschäftes in die Zukunftsausrichtung des Unternehmens einbezogen sein wollen.

Erfolgs-Tipp:

Der Multifunktionalismus von Führungskräften in kleinen und mittleren Unternehmen mit seinen zahlreichen Aufgaben und Sozialkontakten kann nur dann von einem „Sich-Durchwursteln" in ein erfolgreiches Management und fundierte Kompetenz entwickelt werden, wenn Führungskräfte bereit sind, sich als „lernende" Führungskräfte zu begreifen – und zwar ein Leben lang: Führungskräfte sollten „lebenslange Lerner" sein.

2. Was ist unter guter Führung zu verstehen?

Führung bezeichnet die Beeinflussung von Menschen und Organisationen: Führung hat, wie angedeutet, zwei Komponenten, zum einen den Wirkungsbereich innerhalb der Struktur einer Organisation und ihrem Aufbau und den Tätigkeitsinhalten, zum anderen die bewusste Beeinflussung des Verhaltens von den in der Organisation Beschäftigten.

Während die organisationale Komponente beispielsweise die Gestaltung der Hierarchie, die Zuständigkeitsbereiche und die Wirkungsmöglichkeiten der Führungskraft sowie den Einsatz bestimmter Managementmodelle (wie zum Beispiel den Zielvereinbarungsdialog oder die Gestaltung des Unternehmensbereiches als Profit Center) betrifft, ist die Verhaltensbeeinflussung von Beschäftigten eher auf sozialpsychologische Kompetenzen bezogen.

Es geht um gruppendynamische Prozesse, um das „Ich in der Gruppe" und deren Interaktionsbeziehungen, die durch Führungskompetenz in eine gewünschte Richtung gelenkt werden sollen. Weiterhin spielt die Verwirklichung von Kooperation, von Teamentwicklung und am internen Kunden orientiertes Handeln eine zentrale Rolle. Auch die gegenseitige Motivation und Stärkung der Eigenverantwortung eines jeden Beschäftigten für seinen Verantwortungsbereich ist wesentlich.

Die fachliche Führung muss also als notwendige, aber nicht hinreichende Komponente verstanden werden. Hinreichend wird Führung erst dann, wenn die sozialpsychologische, d. h. die zwischenmenschlichen und kommunikativen Kompetenzen einer Führungskraft entsprechend entwickelt sind, um Teams motivierend und für die Arbeitsaufgaben optimal zusammenzuhalten – ohne die individuellen Bedürfnisse der Beschäftigten zu übergehen.

Definition von Führung

Führung bedeutet,

- andere Beschäftigte fachlich anzuweisen, anzuleiten und zu beaufsichtigen
- die Teamentwicklung und das gegenseitige Zusammenarbeiten durch Sozialkompetenz, Dialogorientierung und weitere Schlüsselkompetenzen (Methodenkompetenz, Handlungskompetenz etc.) zu fördern
- Ziele der Mitarbeiter, der Abteilung und des Unternehmens auf einen Nenner zu bringen und miteinander durch einen Zielvereinbarungsdialog zu koordinieren
- Beschäftigte so einzusetzen, dass vereinbarte Ziele der drei Bereiche (Mitarbeiter, Fachbereich und Unternehmen) optimal erreicht werden können
- Beschäftigte an Prozessen zu beteiligen und so auch zu motivieren
- die Beschäftigten durch Personalentwicklung und kontinuierliche Weiterbildung zu fördern
- sich selbst als Führungskraft weiterzubilden bzw. mit dem eigenen Vorgesetzten (oft die Geschäftsführung) Ziele zum Beispiel über die eigene personale Entwicklung zu vereinbaren

  Das persönliche Lernen der Führungskraft soll dabei die Generierung von Visionen, die kommunikative Kompetenz im Zielvereinbarungsdialog sowie die Qualifikation zum Thema Führungskompetenz unterstützen.

Mit „Führung" werden die von der Führungskraft geforderten Kompetenzen bezeichnet, die im Rahmen des übertragenen Verantwortungs- und Tätigkeitsbereiches besonders die im Schaubild dargestellten Komponenten beinhaltet.

Die hier entwickelte Definition von Führung entspricht im Wesentlichen dem Führungsstil der kooperativen und dialogorientierten Führung, wie er weiter unten noch gegenüber anderen idealtypischen Führungsstilen verdeutlicht wird (beispielsweise dem autoritären Führungsstil, dessen Elemente in der Praxis auch bei einem kooperativ-dialogorientierten Führungsstil in manchen Situationen oder Aufgabenbereichen vorkommen können).

Die Rahmenbedingungen der Führung sind dabei oft abhängig von der Anzahl der zu führenden Personen sowie den von den Beschäftigten verlangten Tätigkeitsanforderungen.

Definition:

Führung bedeutet nicht fachliche Herrschaft, sondern die Kunst, Beschäftigte dazu zu bringen, für ein vereinbartes gemeinsames Ziel optimal zusammenzuarbeiten.

Da Führungsaufgaben und Führungskompetenzen selten unabhängig von Persönlichkeitseigenschaften der jeweiligen Führungskraft sind, ist zu fragen, welche Eigenschaften eine gute Führungskraft aus Sicht der Mitarbeiter bzw. auch aus der persönlichen Sicht der Führungskraft haben sollte.

Nebenbei bemerkt: Es wurde natürlich auch an Führungskräfte die Frage gestellt, welche Eigenschaften sie bei ihren Mitarbeitern erwarten. Eine Übersicht kann an dieser Stelle der Ausführlichkeit halber nicht widergegeben werden, eine auffallende Aussage soll jedoch nicht unerwähnt bleiben. Auf die Frage nach Qualitäten eines guten Mitarbeiters antwortete eine der zahlreich in Interviews befragten Führungskräfte: „Ein guter Mitarbeiter muss immer an meinem Stuhl sägen. Nur Mitarbeiter, die Biss an den Tag legen und sich weiterentwickeln wollen, vielleicht auch mich als Führungskraft zum Vorbild nehmen, sind für mich gute Mitarbeiter."

Die folgende Übersicht „Welche Eigenschaft hat eine gute Führungskraft?“ gibt eine Auswahl häufiger Nennungen wieder, wie eine ideale Führungskraft eingeschätzt und mit welchen Stichworten sie besetzt wird.

Brainstorming: Eigenschaften einer guten Führungskraft

- sozialkompetent
- führt regelmäßig Zielvereinbarungsgespräche durch
- ehrlich
- führungskompetent
- pünktlich
- verzahnt Organisationsentwicklung mit Personalentwicklung
- Motivationsfähigkeit
- berechenbar
- loyal
- charismatisch
- leistungsorientiert
- bildet sich selbst weiter
- Fachkompetenz
- lebt die vereinbarten Führungsgrundsätze
- zuverlässig
- Überblick für das Ganze, keine Details
- dialogorientiert
- organisiert die Personalentwicklung und kontinuierliche Qualifikation der Beschäftigten
- Integrität
- tolerant
- stärkt anderen den Rücken
- entscheidungsfähig
- toleriert regelgerechtes Verhalten
- wendet kooperativen Führungsstil an
- flexibel
- menschlich
- vorbildlich
- Bescheidenheit
- unabhängig
- Kritik annehmen und geben können
- gestaltet attraktive Arbeitsplätze
- wöchentliche Abteilungsbesprechungen
- delegiert Verantwortung statt Aufgaben
- achtet die Persönlichkeit der Beschäftigten
- Persönlichkeit
- kreativ
- eigenständig
- Durchsetzungsvermögen
- ausgeprägte bereichsübergreifende Informations- & Kommunikationsbeziehungen
- partnerschaftliche und teamorientierte Zusammenarbeit

Wesentlich ist, die Reflexionsfähigkeit der Führungskraft durch solche Abfragen anzuregen. Über sich und die Umweltbeziehungen nachzudenken sollte ein strategischer Vorteil von Führungskräften sein, wollen sie „Segel setzen" und nicht nur im Alltagsgeschäft „rudern".

Wichtig: Um Reflexion im Unternehmen anzustoßen, ist es sinnvoll, wenn Führungskräfte ihre Persönlichkeit kennen und diese auch in ihrer Selbsteinschätzung als auch durch eine Fremdeinschätzung durch die Mitarbeiter reflexiv betrachten. Eine Diskussion über die Einschätzungen wird zwar von vielen Führungskräften zunächst gescheut, es ist jedoch eine Möglichkeit, um über ein Gruppengespräch im Workshop die Teamentwicklung einer Abteilung anzuregen und auch für die Qualifizierung von Führungskompetenzen Perspektiven zu gewinnen.

Einschätzung von Persönlichkeitsmerkmalen

Folgender Fragebogen zur Einschätzung von Persönlichkeitsmerkmalen kann in Führungskräfte-Mitarbeiter-Beziehungen der Führungskraft Aufschluss über ihre Wesensart geben und damit auch die Interaktionsbeziehungen und die Dialogorientierung einfacher gestalten.

Frage: Bitte bewerten Sie die Eigenschaften der Führungskraft auf der Skala von 1–7 und ermitteln Sie eine Profilkurve, indem Sie eine Kurve für die Sicht der Führungskraft erstellen (Selbsteinschätzung Führungskraft) und eine Kurve aus dem (anonymen) Durchschnitt der Befragung aller Mitarbeiter (Einschätzung der Führungskraft durch die Mitarbeiter) anfertigen.

Vergleichen Sie die beiden Profile in einer gemeinsamen Diskussion.

Persönlichkeitswahrnehmung von Führungskräften								
Ausprägung	**1**	**2**	**3**	**4**	**5**	**6**	**7**	**Ausprägung**
anerkannt								verachtet
anregend/ motivierend								langweilig
aufgeschlossen								verschlossen
beratend								befehlend
beweglich								starr
demokratisch								undemokratisch
ergebnisorientiert								detailverliebt
fachkompetent								fachlich unwissend
fördernd								hemmend
fortschrittlich								rückständig
freundlich/höflich								unfreundlich/ unhöflich
gerecht								ungerecht
gleich bleibend								veränderlich
großzügig								kleinlich
klar								verwirrend
kollegial								unkollegial
koordinierend								eigensinnig
lernbereit								lernscheu
offen								verheimlichend
ordentlich								unordentlich
sicher								unsicher
sozial								unsozial
teamorientiert								konfliktorientiert
traditionell								traditionslos
unbürokratisch								bürokratisch
weitsichtig								kurzsichtig
wirtschaftlich								unwirtschaftlich
Ziele vereinbarend								Ziele vorgebend
zukunftsvoll/ visionär								aussichtslos/ konservativ
zuverlässig								unzuverlässig

Quelle: Zander, E.: Führung in Klein- und Mittelbetrieben, Freiburg i. Br. 1994

3. Führungsstile in der Diskussion: Autoritär, kooperativ, situativ

Im Folgenden sollen die in der Literatur häufig genannten Führungsstile vor dem Hintergrund beleuchtet werden, dass jegliche Führung – sei sie autoritär oder kooperativ – nicht ohne die Abstimmung mit den Beschäftigten umgesetzt werden kann. Die Ausführlichkeit der Abstimmungsprozesse und die damit einhergehenden Rollenverständnisse und Identitätsperspektiven der Beteiligten definieren dabei die Unterschiede der einzelnen Führungstypen.

Die Diskussion um Abstimmungsprozesse im Unternehmen – beispielsweise zum Thema Aufgabenvorgaben oder Zielvereinbarungen – ist in fast jedem Unternehmen aktuell und sehr eng an die jeweilige Führungsmentalität geknüpft. Dazu ein Bild: Wenn es „brennt", ist den Zielvorgaben des „Löschmeisters" Folge zu leisten – so meint man, doch was ist, wenn sich ein „Feuerwehrmann" hier weigert und Widerstand leistet?

Natürlich wird jeder sagen: „Wenn es brennt, können wir keine Diskussionsgruppe eröffnen ..." – andererseits kann ein Brand auch nicht gelöscht werden, wenn die Feuerwehrmänner das Ziel des Löschens nicht verfolgen, sondern andere Ziele erreichen wollen (beispielsweise in der Nacht ausschlafen).

Jegliche Führung von Menschen setzt also den Einbezug der Interessen der Beschäftigten voraus – gleich welchen Führungsstil eine Führungskraft wählt. Die Berücksichtigung der Partizipation der Beschäftigten ist somit von zentraler Bedeutung. Führung findet nicht ohne die „Geführten" statt, und dieses gilt sowohl bei einem kooperativen als auch bei einem autoritären Führungsstil. Die Annahme, dass bei einer autoritären Führung nur das Element der Machtausübung des Vorgesetzten zählt, ist zu hinterfragen, denn auch hier geschieht Führung nicht ohne die Ausführung und Einwilligung der Beschäftigten.

Zudem garantiert die Entlohnung nicht zwangsläufig eine Legitimation der hierarchischen Anhängigkeitsverhältnisse oder einen optimalen Zielabstimmungsprozess. Es gibt im Unternehmen zahlreiche heimliche Spielregeln, die Prozesse beiderseitig beieinflussen können.

Die einzelnen in Literatur und Praxis oft erwähnten Führungsstile lassen sich kurz zusammenstellen und erläutern.

Führungsstile

- **Autoritärer Führungsstil**

  Das Verhalten der Führungskraft ist bestimmend und befehlend. Vom Beschäftigten wird die Ausführung der übertragenen Arbeitsaufgaben ohne Diskussion erwartet. Es erfolgt eine strenge Anweisung der Beschäftigten durch Befehl, Widerspruch wird nicht geduldet. Ziele sind Zielvorgaben, keine Zielvereinbarungen.

- **Patriarchalischer Führungsstil**

  Das Verhalten der Führungskraft ist väterlich bzw. mütterlich wohlwollend, aber dennoch anordnend. Von dem Beschäftigten wird eine respektvolle Beachtung der Arbeitsanordnung erwartet, ohne Zweifel zu äußern. Auch hier handelt es sich um eine Zielvorgabe, die in einer Art vermittelt wird, als seien die Interessen des Beschäftigten bereits mitgedacht. Vorgaben zu hinterfragen wird nicht geduldet.

- **Bürokratischer Führungsstil**

  Die Führungskraft verwaltet Vorschriften und Erlasse. Der Beschäftigte ist in einer durchführenden Position. Der Führungsstil findet sich häufig in Verwaltungsorganisationen, in denen eine kritiklose Weitergabe aller Anordnungen erfolgt. Die Herrschaft und auch der Dialog erfolgt über den Dienstweg. Zielvorgaben sind insofern vereinbart, als die hierarchischen Strukturen akzeptiert werden.

noch: Führungsstile

- **Kooperativer Führungsstil**

  Die Führungskraft versteht sich als Dienstleister für den eigenverantwortlich tätigen Beschäftigten, um ihm mit Rat und Tat zur Seite zu stehen, wenn Fragen oder Probleme auftreten. Die Führungskraft stellt Fragen zur Erreichung von Zielen und zur Lösung von Problemen und handelt damit team- und lösungsorientiert. Dieses Kooperationsverhältnis verlangt vom Beschäftigten Mitdenken und ein selbstständiges Entscheiden.

Wichtig: Als das zeitgemäße und gewünschte Führungsverhalten wird oft das kooperative Verhalten einer Führungskraft genannt.

Kooperative Führung

Für diesen Führungsstil sind zwei Dimensionen zentral: Zu einem die Beteiligung der Mitarbeiter am Entscheidungsprozess und zum anderen die partnerschaftlichen bzw. gruppenbezogenen Arbeits- und Führungsbeziehungen. Wesentliche Merkmale kooperativer Führung sind daher:

- Gemeinsame Ausübung von Einflussnahmen
- Fachliche Autorität
- Dialogorientierung durch vielfältige Kommunikations- und Informationsbeziehungen
- Verhandlungsorientierung
- Gruppenorientierung
- Vertrauen
- Bedürfnisbefriedigung der Mitarbeiter und Vorgesetzten
- Zielvereinbarung und Leistungsorientierung beachten

- Qualifikation
- Motivation
- Kontinuierliche Personal- und Organisationsentwicklung

Fragebogen für Mitarbeiter

Um den eigenen Führungsstil zu testen, lässt sich in Anlehnung an Baumgarten [2] folgende Checkliste entwickeln, die Führungskräfte zur Einschätzung ihres Verhaltens durch eine anonyme Abfrage (von einem neutralen Dritten wie einem Personalbeauftragten oder dem Betriebsrat) bei ihren Mitarbeitern einsetzen können.

Frage: Bitte beantworten Sie die Fragen/Aussagen auf der Skala von 1 – 7 und ermitteln Sie den Durchschnitt, indem Sie alle Punkte addieren und durch 20 teilen.

Anonyme Ermittlung des Führungsstils einer ausgewählten Führungskraft

Frage/Aussage	Ausprägung	1	2	3	4	5	6	7	Ausprägung
An das Führungssystem im Unternehmen fühle ich mich …	… schwach gebunden.								… stark gebunden.
Arbeitsergebnisse werden …	… durch meinen Chef kontrolliert.								… durch mich und meine Kollegen kontrolliert.
Aufgaben und Ziele werden bei uns …	… vorgegeben.								… vereinbart.
Das Betriebsklima ist …	… gespannt.								… verträglich.
Dass die Führungskraft allein entscheidet, …	… stimmt.								… stimmt nicht.
Arbeitsabläufe und Organisation sind …	… stark formalisiert.								… schwach formalisiert.

noch: Fragebogen für Mitarbeiter

Frage/Aussage	Ausprägung	1	2	3	4	5	6	7	Ausprägung
Die Einstellung der Führungskraft zu den Mitarbeitern ist geprägt durch …	… Misstrauen.								… Offenheit.
Die Führungskraft handelt …	… für die Arbeitspflicht.								… für die Integration in das Team.
Die Führungskraft informiert …	Einzelpersonen.								gruppen- und abteilungsübergreifend.
Die Führungskraft motiviert mich …	… gar nicht.								… optimal.
Die Führungskraft setzt ihren Willen …	… im Einzelgespräch durch.								… im Gruppengespräch durch.
Die Führungskraft sorgt dafür, dass ich mich weiterbilde – …	… stimmt nicht.								… stimmt.
Die Grundlage des Kontaktes zwischen mir und der Führungskraft ist …	… Abstand.								… eine Form von Gleichstellung.
Entscheidungen werden …	… durch die Führungskraft vorgegeben.								… in der Gruppe kollegial getroffen.
Entscheidungsaufgaben werden …	… zentral verteilt.								… dezentral verteilt.
Ich als Mitarbeiter handele aus …	… Sicherheit und Zwang.								… Selbstständigkeit und Einsicht.
Mein Chef …	… lässt mich mit meinen Fehlern allein.								… stärkt mir den Rücken.
Meine Einstellung zum Vorgesetzten kennzeichnet sich durch …	… Respekt und Abwehr.								… Achtung und Vertrauen.

noch: Fragebogen für Mitarbeiter

Frage/Aussage	Ausprägung	1	2	3	4	5	6	7	Ausprägung
Kontakt zur Führungskraft habe ich ...	... selten.								... oft.
Wir entwickeln in der Gruppe gemeinsam mit der Führungskraft Vorschläge, das ...	... stimmt nicht.								... stimmt.
Gesamtsumme									
Gesamtsumme durch 20 dividieren ergibt einen Durchschnitt:									

Mittels des errechneten Durchschnittswertes (über alle Fragebögen und Mitarbeiter hinweg) lässt sich durch die Punktzahl zwischen 20 und 120 ein Führungstyp zuordnen, der später noch detaillierter erläutert wird.

Skala zur Ermittlung des Führungstyps

Punkte	20 - 36	37 - 53	54 - 70	71 - 88	89 - 105	106 - 122	123 - 140
Führungstyp	Typ G	Typ F	Typ E	Typ D	Typ C	Typ B	Typ A

Mit der jährlich wiederholten Befragung im Unternehmen wird deutlich, welche Werte sich im Vergleich über zeitlich unterschiedliche Befragungen der Mitarbeiter ergeben.

Gegensätzlich: Autoritärer und kooperativer Führungsstil

Folgende Abbildung stellt den autoritären und kooperativen Führungsstil – auf diese beiden beschränkt sich die betriebspraktische Diskussion oft, wenn Mitarbeiter mehr Mitsprache von einer autoritären Führung einfordern – als gegensätzliche Pole dar und zeigt ein Kontinuum auf.

Kontinuum zwischen autoritärem und kooperativen Führungsstil						
Autoritärer Führungsstil			◄►	Kooperativer Führungsstil		
Führungskraft entscheidet und ordnet an	Führungskraft leistet Überzeugungsarbeit, bevor sie ihre Entscheidung anordnet	Führungskraft entscheidet, gestattet jedoch Fragen, um Akzeptanz zu erreichen	Führungskraft informiert, die Mitarbeiter können ihre Meinung äußern, bevor die Führungskraft ihre endgültige Entscheidung trifft	Die Gruppe entwickelt gemeinsam Vorschläge, die Führungskraft entscheidet sich für den von ihr favorisierten Vorschlag	Die Gruppe entscheidet, nachdem die Führungskraft zuvor das Problem aufgezeigt hat und die Grenzen des Entscheidungsspielraumes aufgezeigt hat	Führungskraft motiviert durch ihre Vision und Zielvorstellung. Die Gruppe entscheidet, die Führungskraft fungiert als Koordinator nach innen und nach außen
Typ G	**Typ F**	**Typ E**	**Typ D**	**Typ C**	**Typ B**	**Typ A**
Entscheidungsspielraum der Führungskraft			◄►	Entscheidungsspielraum der Mitarbeiter		

Quelle: Bröckermann, R.: Personalwirtschaft, Köln 1997

Das Kontinuum der verschiedenen Führungsstile verdeutlicht das Gewichtungsverhältnis der Entscheidungsmacht der Führungskraft zur Entscheidungsmacht der Mitarbeitergruppe.

Der „Führungsbusen"

Die Einflussgewalt der Führungskraft auf Leistung und Zufriedenheit kann auch komplexer dargestellt werden, wie ein aus der Sozialpsychologie bekanntes Modell – das gelegentlich auch „Führungsbusen" genannt wird – verdeutlicht. Der Grad der Zufriedenheit und der Widerstand des Mitarbeiters hängt in ganz entscheidendem Maße davon ab, ob er etwas tun „muss", er es tun „will" und es auch „darf".

In der folgenden Abbildung gibt es zwei Optima des Leistungs-Outputs („müssen" – „wollen"). Bei einem Optimum sind die Mitarbeiter sehr unzufrieden. Dies zieht langfristig Auswirkungen nach sich, so dass Leistung und Leistungsbereitschaft geschmälert werden.

Der „Führungsbusen"

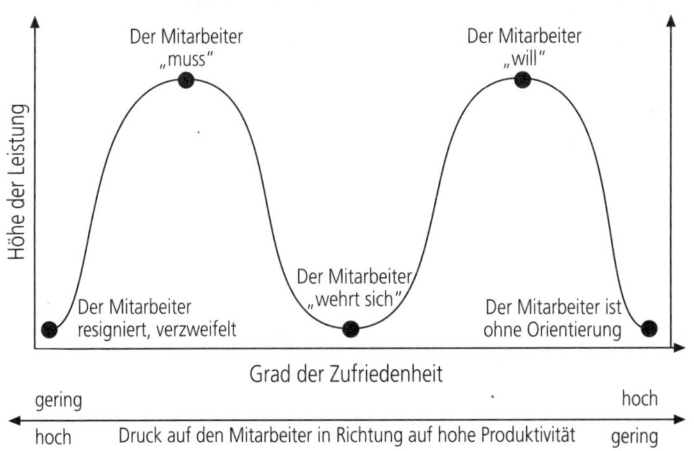

Quelle: Triandis, H. C.: Psychological Bulletin 1959

Kritische Betrachtungen der einzelnen Führungsmentalitäten oben genannter Führungsstile ergeben, dass diese eindimensionale Verhaltensansätze in der Führung darstellen. Darüber hinaus gab es auch Versuche, auf einem zwei- oder dreidimensionalen Gebilde verschiedene Verhaltensunterscheidungen darzustellen, die hier jedoch vernachlässigt werden sollen, zumal die Unterkategorien sich aus Elementen zusammensetzen, die im Folgenden zum Teil noch genannt werden. Je mehr Dimensionen dabei dargestellt werden, umso komplexer wird die Idealtypik und umso näher ist ein gewähltes Verhalten an einem diffusen Führungsstil. Die Debatte unterschiedlicher Führungsstile zwischen autoritärem oder kooperativem Verhalten beschränkt die Untersuchung zudem allein auf die Person der Führungskraft.

So interessierte es lange Zeit, welche Eigenschaften so eine Führungspersönlichkeit haben sollte. Es sind also Annahmen, die zeitlich stabil oder über verschiedene Situationen hinweg invariant bleiben sollten, weil sie ein Charakteristikum einer Person darstellen. Wie oben gesehen, kann ein Persönlichkeits- oder Eigenschaftsprofil einer Führungskraft durchaus interessant sein, will eine Führungskraft sich nicht nur fachlich, sondern auch persönlich und menschlich weiterentwickeln und darüber reflektieren.

Diese Kritik bzw. die Hinzunahme von situativen Rahmenbedingungen in die Betrachtung von Führungsstilen spricht für einen situativen Führungsstil, der je nach Bedarf angepasst oder je nach Situationsvariablen ausgeprägt wird.

Gibt es eine objektive Führung

Walter Neubauer stellt in seiner empirischen Zusammenfassung heraus, dass die Annahme eines persönlichkeitsimmanenten Führungsstils nicht bestehen bleiben könne: „Abgesehen davon, dass durch Lernprozesse neue Verhaltensweisen, Gewohnheiten, Fähigkeiten usw. erworben werden können und somit grundsätzlich von einer Veränderbarkeit der Person ausgegangen werden muss, fanden sich vor allem Zusammenhänge mit situativen Bedingungen, so dass die vereinfachte Annahme eines personenuntypischen, situationsunabhängigen Führungsstils nicht aufrechterhalten werden kann" [48].

Darüber hinaus gibt es zahlreiche Befunde, dass Führungskräfte sich nicht aufgabenorientiert, sondern meist sehr subjektiv und persönlichkeitsorientiert an die Mitarbeiter wenden [54].

Subjektiver Führungsstil

> **Definition:**
>
> Subjektive Führung bedeutet, dass Vorgesetzte bei Mitarbeitern, die ihren Erwartungen entsprechen, eher ein persönlichkeitsorientiertes und weniger ein aufgabenorientiertes Führungsverhalten praktizieren, während es bei „nicht-erwartungsgemäßen" Mitarbeitern umgekehrt ist.

Mit anderen Worten: Führungskräfte beurteilen und führen ihre Mitarbeiter nach dem „Nasenfaktor".

In der betriebspraktischen Diskussion wie auch in der Literatur wird oft kritisiert, dass keine Führungskraft einem Idealtypus entspreche und meist sehr subjektiv, je nach eigener Persönlichkeit, je nach Mitarbeiter – sowie oft auch je nach Laune – führe. Als Ausweichkonstrukt ist daher der situative Führungsstil benannt worden.

Situativer Führungsstil

> **Definition:**
>
> Der situative Führungsstil bezieht alle oben genannten Führungsstile je nach Situation ein, und die Führungskraft muss situativ entscheiden, welcher Führungsstil angebracht ist. Das bedeutet, dass eine Führungskraft auch alle Führungsstile anwenden können muss. Von den Beschäftigten hingegen wird eine breite Akzeptanz unterschiedlicher Reaktionsverhaltensweisen erwartet, um auf das Verhalten der Führungskraft reagieren zu können. Die Definition von Zielen ist sowohl durch Zielvorgaben als auch durch Vereinbarungen gekennzeichnet.

Der Informationsfluss wechselt von heiß nach kalt, d. h. er darf je nach Situation in alle Richtungen fließen oder ist gegebenenfalls auch durch klare hierarchische Vorgaben gekennzeichnet und ausschließlich top-down orientiert. Welches Vorgehen in der Führung nun optimal ist, hänge immer von den konkreten situativen Bedingungen ab.

Der Rückzug auf einen situativen Führungsstil birgt jedoch auch keine Konsistenz, wie die Kritik am Ansatz der situativen Führung zeigt. Oswald Neuberger verdeutlicht die Problematik eines situativen Führungsverhaltens wie folgt: „Situative Führung setzt Eindeutigkeit, Klarheit, Transparenz, Objektivität voraus oder muss sie zuerst herbeiführen, um angewandt werden zu können. Insofern ist situative Führung a-sozial und a-personal: sie exekutiert nur noch allgemeine Gesetzmäßigkeiten, wenngleich auf einem (scheinbar) hohen Differenzierungsniveau: Eines schickt sich nicht für alle (Fälle), je nach Lage der Dinge muss anders – aber kalkuliert und kalkulierbar – vorgegangen werden. Die Logik des Modells lässt keinen Raum mehr für Intuition, Spontaneität, Selbstwidersprüche, Unklarheit … . Sowohl Situationen wie Handelnde sind zu objektivieren und zu normieren, um sie beherrschen zu können" [49].

Unberechenbares Führungsverhalten

Soziale Situationen liegen nun aber in dieser geforderten Objektivität, Eindeutigkeit, Widerspruchsfreiheit, Transparenz etc. nicht vor. Das Führungsverhalten wird somit unberechenbar und undurchschaubar. Wollte man alle situativen Variablen rationalisieren, gliche es dem Versuch, das Licht einzuschalten, um herauszufinden, wie die Dunkelheit aussieht [49].

Situative Führung wird damit diffus und verkommt zu einem „Sich-Durchwursteln". Sie wird „kontingent", wie es in der Literatur auch genannt wird, d. h. vieles wird möglich oder eben auch nicht.

Welches Verhalten ist nun der richtige Führungsstil? – Der oft gewünschte kooperative Führungsstil oder der situative Führungsstil, der der Führungskraft immer ein Hintertürchen für ein unberechenbares Agieren und auch autoritäre Elemente freihält, die man gerade beispielsweise mit der Definition von Führungsgrundsätzen konsensuell normieren wollte, um Führungskräfte an einen kooperativen Führungsstil zu erinnern?

Idealtypischer Führungsstil: Im Dialog zum Meta-Stil der Führung

Im Folgenden soll aus der Sackgasse der genannten Führungsstile ein Idealtypus entwickelt werden, der diese Kritik durch eine übergreifende Konstruktion auf Basis von unternehmenspraktischen Erfahrungen auffängt.

Wenn Beschäftigte das Führungsverhalten kritisieren, weil es mit „zu autoritär", „dem Betriebsklima nicht zuträglich" beschrieben wird und zu sehr an Zielvorgaben und eben nicht an Kooperation und partnerschaftlichem Verständnis einer Vereinbarungs-, Informations- und Beteiligungskultur orientiert ist, dann geht es meist um die sozialkommunikativen Kompetenzen der Führungskraft, die sich die Beschäftigten etwas entwickelter wünschen.

Eine Dialogorientierung im Führungsstil ist daher auch in Situationen, in denen die Führungskraft einen eher autoritären Führungsstil einsetzen möchte, auf das Commitment beider Seiten ausgerichtet.

Im Folgenden wird daher der dialogorientierte Führungsstil entwickelt, der die einzelnen hier genannten Bereiche vereinen will und zugleich auch eine Antwort auf einerseits die systemischen Umweltbedingungen ist, die idealtypischem Persönlichkeitsverhalten entgegenstehen, und andererseits auch eine Antwort auf die Kontingenz-Problematik der situativen Führung gibt. In Zukunft wird daher das Dialog-Management im Unternehmen an Raum gewinnen.

4. Führungskompetenz mit einem dialogorientierten Führungsstil

Führungskräfte können durch ihre Dialogbereitschaft im Unternehmen zahlreiche Prozesse anstoßen und bewältigen und nicht zuletzt auch ihre eigene Entwicklung im Bereich der Führungs- und Managementkompetenz ausbauen.

Bei der dialogischen Führung geht es nicht allein um die kommunikative Beziehung zwischen Führungskraft und Mitarbeiter, die schon durch kommunikative Mittel oder Steigerung der Gesprächsanteile erreicht werden könnte. Der dialogische Führungsstil meint vielmehr das gesamte interaktive Verstehen verschiedener Identitäten. Die Führungskompetenz ist somit immer im Zusammenhang zu sehen, wie eine Führungskraft ihre Rolle versteht und welche Persönlichkeit sie besitzt im Zusammenhang von verschiedenen Identitätsentwürfen.

Folgende Elemente sind für eine Führungskraft dabei zentral: Die Führungskraft ist

- Visionär und Vorbild
- Manager und Koordinator
- Macher, der realisiert
- Integrator und Teamentwickler
- Coach, Förderer und Personalentwickler
- Experte
- Lernender

Visionär und Vorbild

Eine Führungskraft, die mit Führungskompetenz nach einem dialogorientierten Führungsstil handeln will, sollte nicht nur anweisen, sondern vielmehr ein Visionär sein und Zielvorstellungen haben, wohin die „Reise" gehen könnte. Ein Leader, wie es im Englischen ausgedrückt wird, sollte also auch eine zukunftsorientierte Strategie im Auge haben und diese an seine Mitarbeiter vorbildlich kommunizieren.

Manager und Koordinator

Weiterhin ist von der Führungskraft natürlich fachliche Kompetenz, aber auch Sozialkompetenz und organisatorisches Geschick gefragt, wenn es um die Koordinierung von Menschen und Arbeitsabläufen geht. Hier bekommt die Führungsrolle Anteile eines Managements im wahrsten Sinne des Wortes. Ein Manager ist somit ein Koordinator, der sehr eng im Team arbeitet, moderierende Funktion hat und Zielvereinbarungen en passent mit selbstständig arbeitenden Mitarbeitern umsetzen kann. Der Begriff Abteilungsleitung, der von der Wortwahl oft eine autoritäre Zielvorgabe assoziiert, wird vielleicht durch den Begriff Abteilungskoordination sinnvoll ergänzt, wenn dieser eher die anspruchsvolle Aufgabe der Vereinbarung von Zielen umfasst.

Macher, der realisiert

Von einer Führungskraft wird oft erwartet, dass sie ein „Macher" ist – also jemand, der Dinge realisiert, nachdem er die Vision zu einem Ziel hatte. Dieses erfordert Leistungsbereitschaft und Umsetzungswillen, zudem die Vereinbarung der Tätigkeitsinhalte mit den Mitarbeitern, oft aber neben Delegation auch die eigene Arbeit an den Dingen, damit sie umgesetzt werden. Ziel ist hier die Realisierung von Ideen. Eine Führungskraft sollte daher auch ergebnisorientiert Verantwortung übernehmen.

Integrator und Teamentwickler

Zugleich ist eine Führungskraft auch immer in ein Team eingebunden. Die Diskussion, ob eine Führungskraft dann sozial am besten integriert ist, wenn sie sich als ganz normales Teammitglied versteht und auf hierarchische Unterschiede verzichtet, kann hier nicht ausführlich vertieft werden. Auch hier ist es eine Gratwanderung zwischen den Strukturen im Unternehmen und dem Selbstverständnis einer Führungskraft, ob sie nur anweist und delegiert oder auch im Team mitarbeitet. Sozial gesehen ist eine Führungskraft eher integriert, wenn sie nicht von einer hierarchischen Position Anweisungen gibt, sondern als Teammitglied Ziele visionär in der Gruppe vereinbart und gleichzeitig auch motiviert. Ist die Führungskraft nicht im Team integriert, ist sie dennoch dafür zuständig, die einzelnen Teammitglieder in die Gruppe einzubinden und zur Teamentwicklung beizutragen.

Coach, Förderer und Personalentwickler

Eine leitend tätige Person ist jemand, mit der man gerne zusammenarbeitet, von der man viele Ideen bekommt, von der sich ein Mitarbeiter Ratschläge und Hilfestellungen einholt und seine selbstständige Arbeit rückkoppelt über die bisherigen Ergebnisse und durch neue Impulse motiviert ist, weitere Arbeitsbereiche anzugehen. Zudem ist die Führungskraft verantwortlich für die Personalentwicklung ihrer Mitarbeiter, die über die Planung von Personaleinsatz und Fortbildungsveranstaltungen bis hin zur Rolle des Mentors reichen kann.

Dialogorientierter Führungsstil

Anforderungsprofile an die Identität einer Führungskraft

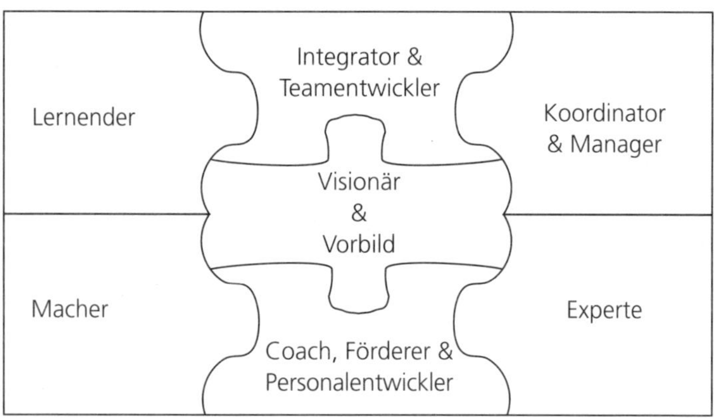

Experte

Um Mitarbeiter als Führungskraft fortbilden zu können, sollte die Führungskraft nicht nur Fachwissen und ausgeprägte Menschenkenntnis haben, sondern auch Erfahrungswissen, wie zu arbeiten und zu führen ist. Der Verantwortliche muss nicht jedes Detail ausführen, dazu sind die Mitarbeiter da, doch er sollte die Fähigkeit haben, diese Tätigkeitsinhalte „meisterhaft" ausführen zu können.

Eine Führungskraft bezeichnete einmal ihre Rolle als Experte so: „Mitarbeiter können ruhig mal etwas falsch machen. Fehler passieren immer. Jeder darf eine (oder mehrere) Leichen im Keller haben. Dazu bin ich dann da, diese wieder zum Leben zu erwecken. Man sollte mich also rechtzeitig informieren, dann springe ich unterstützend oder beratend ein. Nur eine stinkende Leiche sollte niemand meiner Mitarbeiter im Keller haben – denn die kann auch ich nicht mehr reanimieren."

Das Bild macht deutlich, dass die Mitarbeiter die „pflegenden" und im Detail tätigen „Ärzte" sind, und die Führungskraft einspringt, wenn das Know-how der Mitarbeiter überfordert ist oder widrige Rahmenbedingungen bestehen. Dieses deutet aber auch zugleich darauf hin, dass eine Führungskraft größeres Expertenwissen und auch Routinewissen als ein Mitarbeiter haben muss. Führungskräfte, die schon länger nicht mehr im Alltagsgeschäft der Mitarbeiter sind, sollten daher öfter mal einen „Ernstfall" proben. Mitarbeiter haben eine Ergebnis- und Prozessverantwortung, die über das, was sie selbst „ausbügeln" können, hinausgeht!

Lernender

Kontinuierliches Lernen ist für eine Führungskraft zentral. Ein Verantwortlicher muss sich daher auch immer als Lernender begreifen.

Ganz gleich welches Element man für leitend tätige Personen auch betonen mag, Führungstätigkeit hat immer Anteile aus allen sieben Bereichen und somit auch unterschiedliche Rollenanforderungen: Beispielsweise muss eine Führungskraft sich sowohl als Experte als auch als Lernender verstehen oder sowohl als Teamleiter wie auch als Macher, der im Team mitarbeitet. Er muss das Team zusammenhalten, niemanden übervorteilen, andererseits aber auch Einzelpersonen durch Personalentwicklung fördern. Das macht das Führungsgeschäft so schwierig und zeigt, warum die klassischen Führungsstile in einem neuen Paradigma der „dialogorientierten Führung" aufgehen müssen.

Insgesamt lassen sich die Elemente der unterschiedlichen Führungsstile auf den Nenner eines „dialogorientierten Stils" bringen, der das Verhalten von Verantwortlichen beschreiben kann.

Dialogorientierter Führungsstil

Definition:

Sinnvoll ist es, wenn eine Führungskraft im Team integriert ist, visionär Ziele mit den Mitarbeitern vereinbaren kann und sich diese motivierend auswirken. Die Führungskraft sollte zugleich fachlich kompetent sein, sich weiterbilden und schließlich die Rahmenbedingungen für die selbstständige Arbeit der Mitarbeiter koordinieren, um aus ihren Visionen Ergebnisse zu entwickeln.

Die Führungskraft versteht sich daher als integrative Identität, die sich aus verschiedenen Elementen zusammensetzt und ihre Präsenz im interaktiven Geschehen mit den Kollegen und Mitarbeitern durch eine dialogische Orientierung entfaltet. Ziele werden durch einen Zielvereinbarungsdialog festgelegt, dabei erhält der Mitarbeiter so viel Freiheit wie möglich, und die Führungskraft setzt ihre Entscheidungsmacht nur so weit wie nötig ein. Die Führungskraft steht in diesem Dialog als Berater der Mitarbeiter zur Verfügung. Sie stellt Fragen zur Erreichung von Zielen und zur Lösung von Problemen und handelt damit team- und lösungsorientiert. Der Dialog ist auch hier mehr durch Überzeugen statt durch Überreden oder gar Diktat gekennzeichnet.

Dieses Kooperationsverhältnis verlangt vom Beschäftigten Mitdenken und ein selbstständiges Entscheiden. Der gegenseitige Informationsfluss zwischen Führungskraft und Mitarbeiter befähigt dabei zu dieser Entscheidung. Ziele werden nicht vorgegeben, sondern in einer partnerschaftlichen Verhandlung vereinbart, so dass Ziele des Unternehmens, des Mitarbeiters und der Führungskraft (bzw. der Abteilung) durch den Zielvereinbarungsdialog auf einen Nenner gebracht werden.

Management mit Zukunft

Management by dialog wird in Zukunft an Bedeutung gewinnen, wenn es darum geht, durch Information und Kommunikation Unternehmensziele zu ventilieren, zu vereinbaren und abzusprechen; für Visionen zu werben und zu motivieren. Zugleich wird auf den Dialog gestützte Sozialkompetenz erforderlich, wenn es um die Vorgabe von Zielen und die Delegation von Aufgaben geht. Dieses erfordert letztlich eine neue Identität, ein neues Rollenverständnis und auch ein neues Aufgabenverständnis von Führungskräften sowie damit einhergehend ein neues Lernen in diesen genannten Identitätselementen.

Wichtig: Eine lernende Organisation benötigt Dialog-Manager, die als Katalysatoren für lernende Beschäftigte durch die Kommunikation und Vernetzung attraktiver und motivierender Leitbilder und fachlicher Kompetenz führend wirken, beraten und selbst in Lernprozesse einbezogen sind.

Der dialogorientierte Führungsstil kann besonders durch Reflexionsprozesse und gezielte Trainings- und Coachingelemente angeregt werden; im Rahmen der gesamten Unternehmenskultur kann er aber besonders durch die Definition oder Optimierung von Führungsgrundsätzen im Unternehmen eingeführt werden. Dabei geht es nicht um das Ergebnis, sondern um den Unternehmensdialog im Erstellungsprozess. Die gegenseitige Verständigung von Mitarbeitern und Führungskräften (sowie die Führungskräfte mit der Geschäftsführung) über einen Konsens an Führungsgrundsätzen, die oben genannte Elemente enthalten, wirkt sich rückbindend auf den Führungsstil jeder einzelnen Führungskraft aus, wenn die Führungsgrundsätze auch gelebt werden. Die Vereinbarung schriftlicher Führungsgrundsätze im Unternehmen durch einen Diskussionsprozess in Kleingruppenarbeit ist daher eine symbolische Maßnahme zur Annäherung an und Initiierung eines dialogorientierten Führungsstils.

Wenn der neue Führungsstil „dialogorientierte Führung" neue Anforderungen an die Identität und Rollenanforderungen sowie die daraus folgenden Lernbereiche einer Führungskraft formuliert, um Führungskräfte als Katalysator von Innovation, Zufriedenheit sowie Veränderungs- und Lernfähigkeit zu entwickeln, wird neben den fachlichen, sozialen und zu lernenden Aufgaben besonders die Fähigkeit zur Motivation zentral.

5. Motivation durch Führungskräfte in der Praxis

Die wichtigsten Quellen von Mitarbeitermotivation liegen im Ich, in der Aufgabe, der Führung, der Gruppe, der Organisation und nicht zuletzt auch in der Gesellschaft. Die Motivation steht dabei im Zentrum [13]. Doch wie kann eine Motivationsstrategie von Führungskräften zur Motivierung der Mitarbeiter praktisch durch ihr konkretes Handeln auf die Arbeitswelt bezogen umgesetzt werden?

Mitarbeiter zu motivieren – so wird es aufbauend auf den betriebspraktischen Erfahrungen verstanden – geschieht im Wesentlichen über die vier Komponenten der Motivation:

1. Visionen formulieren
2. Ziele vereinbaren über einfache Wege
3. Anerkennung und Lob
4. Beteiligung der Beschäftigten

Vier Wege zur Motivationskompetenz

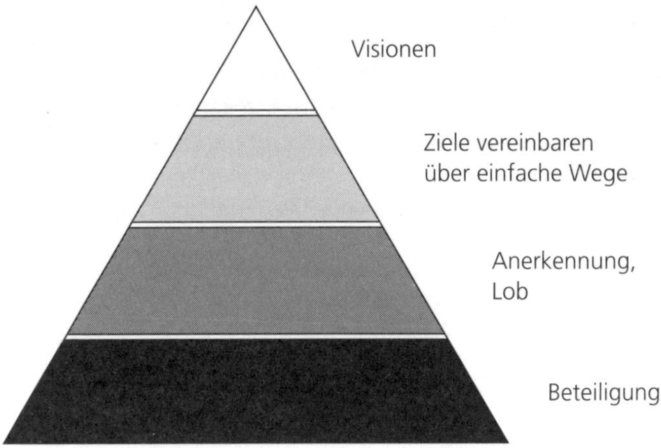

Viele Führungskräfte haben zu wenig Visionen, wie welche zukünftigen Vorhaben, Arbeitsaufgaben und Veränderungs- und Lernnotwendigkeiten umgesetzt werden müssen oder können.

Für Mitarbeiter, die bislang nur Anweisungen Folge zu leisten hatten oder das selbstständige und eigenverantwortliche Arbeiten nicht gewohnt sind, ist es zunächst eine Umstellung – doch die Aussicht, für seinen Aufgabenbereich verantwortlich zu sein, hat ungeahnte Effekte auf die Motivation von Beschäftigten. Führungskräfte, die den Spielraum der Mitarbeiter durch ihre Visionen stärken und Mitarbeiter motivieren können, am gemeinsamen Ziel zu arbeiten, tragen zu dieser Verantwortungskultur bei den Mitarbeitern bei. Auch Lob und Anerkennung den Mitarbeitern gegenüber motiviert diese zu außerordentlicher Leistung und Bereitschaft, die Veränderungen zu bewältigen und Zukunftsstrategien umzusetzen.

Ein Anerkennungsgespräch wird – wie die Praxis zeigt – zu oft nur zwischen Tür und Angel als Floskel und kurzes Gemurmel geführt. Dabei ist es auch eine dialogorientierte Kommunikationsaufgabe des Vorgesetzten, seine Mitarbeiter zu loben.

Die Möglichkeit der Beteiligung der Mitarbeiter ist ebenso entscheidend für Ihre Motivation. Wer als Führungskraft Mitarbeiter an Entscheidungen, Vereinbarung von Arbeitsaufgaben und Zielen und der Auswahl an Methoden zur Erreichung des Zieles beteiligt sowie ihnen dabei auch eigenverantwortlichen Entscheidungsspielraum lässt, trägt zur Motivation der Beschäftigten bei. Dieses geht einher mit einem positiven Verhältnis der Mitarbeiter zu ihrem Vorgesetzen.

Wer durch Partizipation der Beschäftigten Motivation aktivieren will, sollte sich aber auch folgender Dilemmata bewusst sein, die ein neues Verständnis von Mitarbeiterbeteiligung erfordern.

Dilemmata der Beteiligungsorientierung

- Es werden Personalgespräche eingeführt, jedoch nur um Ziele zu diskutieren, nicht um auch Verbesserungsvorschläge entgegenzunehmen, um Führungskräfte beurteilen zu lassen, um Ziele gemeinsam in der Gruppe zu vereinbaren, oder um an den erwarteten Produktivitätssteigerungen die Beschäftigten zu beteiligen.
- Es besteht immer ein Vorbehalt, Zeit für Information und Besprechungen zu „opfern". Auf Grund des Arbeitsdrucks wird nicht davon ausgegangen, dass ein gründlicher und ausreichender Informationsfluss zu jedem Beschäftigten dazu führt, dass letztlich schneller, effektiver, reibungsloser und eigenverantwortlicher gearbeitet wird.

noch: Dilemmata der Beteiligungsorientierung

- Bei der Einführung von Gruppenarbeit werden regelmäßig gruppenautonome Besprechungen vorgesehen. Bei der Durchführung zeigt sich, dass die Praxis wieder zu sehr an den alten Strukturen orientiert ist: Dort entscheidet letztlich wieder der Meister, statt die Gruppe gemeinsam.
- Selbstverantwortung, Motivation und Engagement wird erwartet, jedoch werden die Beschäftigten nach wie vor „klein gehalten" und können nicht über die Anschaffung von neuem Arbeitsmaterial oder die Planung ihrer Arbeitsabläufe selbst entscheiden.
- Gerade die eigenverantwortliche Arbeit der Beschäftigten wird oft von den Gruppenleitern und mittleren Führungskräften als Angriff auf ihren Einflussbereich und Beschneidung der Kontrollmöglichkeiten und ihrer hierarchischen Machtposition gesehen.
- Wenn man von den Beschäftigten Verbesserungsvorschläge erwartet, muss man diese auch zügig umsetzen.

Daraus ergibt sich die These, dass das Betriebsklima immer von der Beziehung des Mitarbeiters zu seinen Führungskräften abhängig ist. Dieses bedeutet auch, dass Motivation nicht von Boni, Entgeltleistungen oder Essensmarken abhängig ist, sondern vom Verhältnis zum direkten Vorgesetzten.

Es wird deutlich, dass Change-Management- und Personalentwicklungs-Projekte die Zielgruppe der Führungskräfte als zentrale Schnittstelle berücksichtigen müssen. Es kann daher in Zukunft keine Maßnahmen für die Mitarbeiter oder ein Unternehmen geben, wenn nicht die Perspektive auf die Führungskräfte einbezogen wird.

Entscheidend: Die Fähigkeiten der Führungskraft

Ob eine Führungskraft eine dialogorientierte Unternehmenskultur lebt, hängt zum einen von der Persönlichkeit ab und andererseits von den Rahmenbedingungen, ob beispielsweise Zukunftsstrategien auf Grund der Marktsituation zwingend erforderlich sind oder nicht. Ziele zu vereinbaren kann jedoch erlernt werden und ist ein Prozess, sich von Zielvorgaben zu Vereinbarungen umzuorientieren. Ebenso sind die kommunikativen Kompetenzen, Lob und Anerkennung in Personalgesprächen zu vermitteln, in einem gewissen Ausmaß als Führungskompetenz erlernbar.

Im Folgenden soll daher vertiefend auf die oben genannte dritte Konstante der Motivation – der Beteiligungsorientierung – eingegangen werden, da diese zahlreiche Stolpersteine beinhaltet, die nicht allein von der Führungskraft abhängig sind, sondern oft auch eine ganz andere Betriebskultur und Unternehmensphilosophie erfordern.

Zeit geben – Zeit planen

Führungskräfte müssen lernen, bei der Besprechung von Arbeitszeiten und -aufgaben trotz eines möglichen Zeitdrucks genügend Zeit zur Diskussion der Vorhaben zu lassen und auch für Nachfragen zur Verfügung zu stehen. Viele Führungskräfte teilen die Anforderungen nur kurz mit – oft mit der so genannten „Jetzt – Stop – Schade-Strategie": Beschäftigte werden in einem Atemzug aufgefordert etwas zu sagen, doch bevor sie ein Abteilungsgespräch durchdacht haben, ist auch schon der nächste Tagesordnungspunkt an der Reihe.

Für die Motivation sind also immer mögliche positive und negative Aspekte des neuen Auftrages zu besprechen. In einem konstruktiven Gespräch sollte daher über den Weg gesprochen werden, wie Führungskräfte sich die Umsetzung vorstellen und welche Vorstellung die Mitarbeiter dazu haben. Es kommt für die kommunikative und interaktive Kompetenz der Führungskraft also auch hier auf die dialogische Orientierung an.

Es besteht aber auch die Gefahr, dass Mitarbeiter zu „lamentieren" anfangen, um die Aufgaben nicht umsetzen zu müssen. Ähnliche Strategien überlegen sich Kinder, die abends ins Bett gehen sollen und dies noch ein wenig hinauszögern möchten.

Erfolgs-Tipp:

Führungskompetenz bedeutet auch, die interaktive Kompetenz zu besitzen, Besprechungen zu beenden, wenn sie nicht weiter effektiv sind.

Beispiele geben – Etappen aufzeigen – Ausblicke bieten

Schließlich heißt Motivation auch, die Dinge einfach zu machen bzw. Mitarbeitern den Weg zur Erreichung der Ziele möglichst einfach aufzuzeigen. Dann sind sie auch bereit, diesen Weg mit- oder eigenständig zu gehen. Die Arbeitsziele als leicht erreichbar darzustellen ist oft eine Kunst, die im Spannungsfeld der detaillierten Vorwegnahme durch die Führungskraft sowie der Delegation an die Eigenverantwortlichkeit des Mitarbeiters liegt.

Führungskräfte sollten zumindest für den Weg der Zielerreichung in einem Projektplan Meilensteine vereinbaren, damit der Mitarbeiter seinen Weg und das Ziel anhand dieser Leuchttürme und Bojen finden kann.

Grundsätzlich gilt, dass Führungskräfte die Dinge so erklären sollten, dass sie als „leicht" gelten. An schwierige Aufgaben geht keiner gerne heran. Wer jedoch die Leichtigkeit und damit die Erreichbarkeit von Zielen betont, wird Mut und Motivation erzeugen.

Folgende Aspekte werden von Führungskräften und Mitarbeitern oftmals auf Workshops zur Verbesserung des Betriebsklimas genannt.

Brainstorming: Verbesserungen des Betriebsklimas

Höflich und freundlich sein.

Als Führungskraft nach alternativen Lösungsvorschlägen fragen und so die Ideen der Mitarbeiter einfordern. Mitarbeiter motivieren, indem Menschen mitgestalten können und beteiligt sind.

Die Frage diskutieren, ob sich ein Mitarbeiter in dem Bereich der Führungskraft entwickeln „darf", ohne dass er die Zähne der Kollegen spürt.

Die Mitarbeiter fordern und fördern.

Wenn Führungskräfte Verantwortung delegieren und Mitarbeiter ihren eigenverantwortlichen Entscheidungsspielraum haben.

Ziel des Mitarbeiters besprechen: Wo sieht er sich in fünf Jahren, und wo sieht die Führungskraft ihn dann?

Nicht mit Hoffnungen arbeiten, die nicht erfüllt werden können, zum Beispiel nicht über Bedarf ausbilden. Gegenseitige Erwartungen klären.

Unrealistische Ziele deutlich machen.

Interesse am Mitarbeiter bzw. am Menschen und an den Arbeitsleistungen des Mitarbeiters zeigen.

Mehr Anerkennung als Lob aussprechen, denn Anerkennung ist ein Lob mit Grund.

Inadäquate Stellenbesetzungen vermeiden.

Wie motiviert eine Führungskraft sich selbst?

Da eine Führungskraft meist auch einen Vorgesetzten hat (zum Beispiel die Geschäftsführung), gilt für das Verhalten des Vorgesetzten der Führungskraft natürlich Gleiches wie oben dargelegt. Das Dilemma der Motivation einer Führungskraft liegt oft darin, dass diese über ein gutes Gehalt, jedoch über wenig Zeit verfügt, dieses auszugeben oder in Freizeitaktivitäten anzuwenden. Wer noch mehr arbeitet und dafür noch mehr Geld bekommt, hat keine Freizeit mehr, um sich dem Hobby „Segeljacht" oder „Golf" zu widmen oder sich mit Freunden über dieses Hobby auszutauschen, um sozialen Kontakten nachzukommen und soziale Anerkennung zu erfahren.

Achtung: Motivation über zusätzliche Entgeltleistungen für oberste Führungskräfte können sich auch negativ auswirken. Denn oft dauert der Anreiz durch erhöhte Monatsgelder nur so lange, bis der Monat vorüber ist.

Das bedeutet, Geschäftsführer sollen bei „ihren" Mitarbeitern, den mittleren Führungskräften, vielmehr dieselbe Strategie anwenden wie die Führungskräfte bei ihren Mitarbeitern.

Folgende weitere Rollendilemmata von Führungskräften lassen sich zusammenstellen:

Rollendilemmata von Führungskräften

„Spezifika" der Führungskräfte aus sozialpsychologischer Sicht

- Anpassungsfähig sein, aber nicht angepasst
- Delegieren können und für das Gesamte verantwortlich zeichnen, aber dennoch fordern, dass einzelne Mitarbeiter den Kopf hinhalten
- Den eigenen Erfolg darin suchen, dass man anderen zum Erfolg verhilft
- Den Mitarbeiter als Einsatzressource betrachten, ihn aber gleichzeitig auch als Teammitglied sehen
- Dinge „durchboxen", aber mit „Liebe"
- Distanz wahren, aber zugleich auch Nähe betonen

noch: Rollendilemmata von Führungskräften

- Eigene Ziele verfolgen, aber Gruppenkompromisse mittragen
- Ein Fachmann sein, ohne den Überblick zu verlieren
- Entwicklungen abwarten können, aber dennoch motivieren und antreiben können
- Für die Gruppe ein Identifikationszentrum darstellen und gleichzeitig gegenüber externen Kunden repräsentieren
- Gründlich sein, aber dennoch wenig Zeit zur Verfügung haben
- Kompromissbereit sein, aber sich nicht überfahren lassen
- Kontrolle ausüben, ohne den Entscheidungsspielraum des Mitarbeiters einzuengen
- Mit der Tradition brechen, aber doch auf sie Rücksicht nehmen
- Möglichst viele Kenntnisse und Erfahrungen haben, aber keine Ansprüche stellen
- Nicht detailverhaftet sein, aber Arbeit leisten, die auch im Detail möglichst fehlerfrei ist
- Nicht nur die definitiv vereinbarten Aufgaben erfüllen, sondern auch erahnen, was darüber hinaus nötig ist
- Niemanden bevorzugen, aber auch auf die Besonderheiten eines Einzelfalls eingehen
- Wichtige Ziele mit Geduld und Ausdauer verfolgen, aber im Tagesgeschäft jederzeit präsent sein
- Ziele vereinbaren und sich gleichzeitig über die Methoden zur Erreichung der Ziele (den Weg) verständigen

Quelle: Befragungen von Führungskräften, siehe auch [24] und [49]

Vorsicht! Selbstbetrug

Eine besondere Gefahr des Selbstbetruges besteht darin, dass Führungskräfte oft nur positive Ergebnisse hören wollen und diese dementsprechend auch nur mitgeteilt bekommen. Wenn eine Geschäftsführung die Führungskräfteriege versammelt, ist es geradezu logisch, dass jeder Bereichsleiter seine Abteilung und Arbeitsergebnisse bis weit in den Himmel hoch lobt, um vor seinen Kollegen positiv dazustehen.

Auch hier bewährt sich eine „Ausgewogene Beurteilungsmethode" nach dem Schema: „Was läuft gut? – Was läuft schlecht?", um in Besprechungen ein Reflexionsinstrument einzubauen, das auch den Dialog über Stolpersteine und widrige Rahmenbedingungen für Projekte oder Aufgaben ermöglicht und so Entwicklungsperspektiven deutlich macht.

Dabei sind nicht nur fachliche Schwierigkeiten anzusprechen, sondern vor allem auch zwischenmenschliche Belange zu einer Teamentwicklung zu wenden. Bewährt haben sich hier jährliche, zweitägige Workshops mit allen Führungskräften, die an einem externen Ort stattfinden, um so die Kollegialität unter den Führungskräften zu erhöhen.

Teamentwicklung

Teamentwicklung ist ein zentrales Ziel der Führungskompetenz, die sich aus dem Führungsstil dialogorientierter Interaktionskompetenz und der Motivationsfähigkeit von Führungskräften zusammensetzt.

Führungskompetenz = dialogorientierte Interaktionskompetenz + Motivationskompetenz

Daher ist als Resümee sowohl für die Motivation der Führungskräfte als auch für die Motivation der Mitarbeiter durch die Führungskräfte festzuhalten, dass Motivationssteigerungen optimal durch Lob und Anerkennung sowie durch die Beteiligung an Entscheidungen erfolgen können. Drittens und sehr zentral ist die Motivation durch Identifikation (mit dem Unternehmen, den Tätigkeitsinhalten und den Personen „Führungskraft" und Kollegen), die sich auf die Kreation von Ergebnis-Visionen und das gemeinsame Vereinbaren von Zielen gründet. Getragen wird dieser Prozess durch einen dialogorientierten Führungsstil.

6. Durch lernende Führungskräfte und Führungskompetenz zur lernenden Organisation

Die Persönlichkeit der Führungskraft mit ihren fachlichen, menschlichen und sozialen Ressourcen im Wechselspiel mit ihrer Selbstreflexivität, den Bedingungen im Unternehmen, der Zusammenarbeit mit den dort beschäftigten Menschen und der Bereitschaft zum Lernen ermöglicht einen Blick auf die Entwicklung von Führungskompetenz.

Führungskompetenz setzt sich wie gesehen aus der dialogorientierten Interaktionskompetenz sowie der Motivationsfähigkeit mit ihren einzelnen dargelegten Elementen zusammen. In diesem zusammenhängenden Geflecht der Führungskompetenz ist das lernende Subjekt einbezogen.

Erfolgs-Tipp:

Nur wenn sich Führungskräfte als Lerner begreifen, die sich vorbildlich für die Beschäftigten in Lernprozesse einbringen, kann eine lernende Organisation gestaltet werden, die Mitarbeiter und Führungskräfte gleichermaßen in die Veränderungs- und Personalentwicklungsprozesse miteinbezieht.

Ohne lernende Führungskräfte gibt es keine lernende Organisation. Die Führung eines korporativen Akteurs – nämlich die Institution „Unternehmen" – (bzw. daraus resultierend auch eine Gestaltung der lernenden Organisation) beruht immer auf der Bereitschaft von Individuen, sich in Lernprozesse einzubringen.

Im Wechselspiel von Makro- und Mikrobereich

Ohne Einzelne kann es kein Ganzes geben, ohne Mikrobereiche kein Makrobereich. Natürlich steht beides immer im Wechselspiel zueinander, daher wurde hier auch ein verbindender (Meso-) Ansatz (aus Mikro und Makro) durch die dialogorientierte Interaktionskompetenz als Führungsstil gefunden.

Dialogorientierte Führung ist die Voraussetzung für die Umsetzung von zwischenmenschlichen Prozessen: Führungskräfte können so durch ihre kommunikativen Kompetenzen zahlreiche Prozesse im Unternehmen gestalten.

Zwischenmenschliche Fähigkeiten werden wichtiger als fachliche Kenntnisse. Die fachliche Führung muss als notwendige, aber nicht hinreichende Komponente verstanden werden. Hinreichend wird Führung erst dann, wenn die sozialpsychologischen Kompetenzen einer Führungskraft entsprechend entwickelt sind, um Teams motivierend und für die Arbeitsaufgaben und die Gestaltung der lernenden Organisation optimal zusammenzuhalten.

Lernprozesse initiieren

Personalentwickler, externe Berater, Bildungsforscher, Weiterbildner und Individualcoachs sowie Workshop-Seminarleiter spielen dabei eine zentrale Rolle, Lernprozesse besonders im Management durch Impulse und Qualifizierungen zu initiieren.

Eine lernende Organisation muss immer an der Fähigkeit arbeiten, sich mit aktuellen und zukünftig erwarteten Veränderungen auseinander zu setzen und Transformationsaktivitäten durch Organisationsentwicklung, Personalentwicklung und Lernfähigkeit der Beschäftigten, insbesondere der Führungskräfte zu gestalten.

Lernen ermöglicht dann nicht nur die Stabilisierung der Umwelt und die Festigung von Such- und Aufmerksamkeitsregeln, mit denen Veränderungs- und Anpassungsnotwendigkeiten wahrgenommen werden, sondern auch ein intelligentes Verhalten zum Fortbestand der Organisation.

Lernen und Personalentwicklung sollte daher nicht punktuell erfahren und umgesetzt werden, wenn es Krisensituationen gerade mal erfordern, sondern das Unternehmen muss lernen, dass Unternehmenskultur mit Lernkultur identisch sein sollte. In der Praxis bedeutet dies: Ein Unternehmen, das in den Unternehmenszielen die Weiterbildung nicht fixiert, kann niemals eine lernende Organisation sein. Nur wenn der Wandel zum Normalfall geworden ist und Personalentwicklung kontinuierlich durchgeführt wird, sprechen wir von einer lernenden Organisation. Arbeit wird so zum Medium für Bildung, ist aber nicht gleichgesetzt.

Bildungscontolling

Dieses erfordert zentral, in die Unternehmensziele die Personalentwicklung und Weiterbildungsaktivitäten – ausgedrückt in einer Soll-Kennziffer – festzuschreiben.

So kann schließlich aus organisationalen Lernprozessen eine lernende Organisation werden: Denn die Fähigkeit „zu lernen" charakterisiert noch nicht eine lernende Organisation – erst wenn im Unternehmen die Lernprozesse selbst als Lerninhalt verstanden werden, können wir von einer lernenden Organisation sprechen: Die Wandlungs- und Lernfähigkeit des Unternehmens selbst soll zum zentralen Lerninhalt der Gestaltung organisationaler Strukturen und Prozesse gemacht werden. Führungskompetenz als Motivation durch dialogorientierte Interaktionskompetenz zur Weiterbildung zu verstehen, eröffnet dabei eine Möglichkeit, das Unternehmen durch Führungs-, lehr- und lernkompetente Führungskräfte zur lernenden Organisation umzugestalten.

7. Literaturhinweise

[1] *Altmann, Robert/Berndt, Günter:* Grundlagen kooperativer Führung, Lübeck 1992

[2] *Baumgarten, Reinhard:* Führungsstile und Führungstechniken, Berlin 1977

[3] *Bea, Franz Xaver (Hrsg.):* Führung, o. O. 1989

[4] *Blanchard, Kenneth/Zigarmi, Patricia/Zigarmi, Drea:* Der Minuten-Manager – Führungsstile, Reinbek 1995

[5] *Böckmann, Walter:* Sinn-orientierte Führung als Kunst der Motivation, Landsberg 1989

[6] *Böhnisch, Wolf:* Führung und Führungskräftetraining nach dem Vroom/Yetton-Modell, Stuttgart 1991

[7] *Bröckermann, Reiner:* Personalwirtschaft – Arbeitsbuch für das praxisorientierte Studium, Köln 1997

[8] *Brödel, Rainer:* Lebenslanges Lernen, lebensbegleitende Bildung, Neuwied 1998

[9] *Bullinger, Hans-Jörg:* Personal-Management – Der Mensch in der schlanken Fabrik: Innovation, Produktivität, KVP, Kaizen, Motivation, Qualifizierung, Gruppenarbeit, München 1992

[10] *Bullinger, Hans-Jörg:* Target Management – Unternehmen zielorientiert gestalten und ergebnisorientiert führen, Frankfurt am Main 1997

[11] *Burla, Stephan:* Die Erfindung von Führung, Zürich 1995

[12] *Busch, Kai:* Der Einfluss neuer Kommunikationstechnolgien auf die Personalwirtschaft im Bereich der Mitarbeiterführung, Regensburg o.J.

[13] *Comelli, Gerhard/Rosenstiel, Lutz von:* Führen durch Motivation – Mitarbeiter für Organisationsziele gewinnen, München 1995

[14] *Dehnborstel, Peter u. a.:* Berufliche Bildung im lernenden Unternehmen – Zum Zusammenhang von betrieblicher Reorganisation, neuen Lernkonzepten und Persönlichkeitsentwicklung, Berlin 1998

[15] *Dutfield, Mike/Elling, Chris:* Gesprächsführung für Mitarbeiter, Frankfurt am Main 1993

[16] *Evers, Michael:* Strategische Führung Mittelständischer Unternehmensnetzwerke, Mering 1998

[17] *Freimuth, Joachim (Hrsg.):* Die Angst der Manager, Göttingen 1999

[18] *Geißler, Harald:* Grundlagen des Organisationslernens, Weinheim 1994

[19] *Glasl, Friedrich:* Konfliktmanagement – Ein Handbuch für Führungskräfte, Beraterinnen und Berater, Bern 1997

[20] *Götz, Klaus:* Kundenorientierte und unternehmensorientierte Führung und Führungskräfteförderung in der Mercedes-Benz AG, Mering 1998

[21] *Götz, Klaus:* Management und Weiterbildung – Führen und lernen in Organisationen, Hohengehren 1997

[22] *Grimm, Bernhard:* Ethik des Führens – Guter Mensch, schlechter Manager?, München 1994

[23] *Grimm, Hubert/Vollmer, Günther:* Personalführung – Führungswissen für kleine und mittlere Unternehmen, Bad Wörishofen 1996

[24] *Grunwald, Wolfgang u. a.:* Partizipative Führung – Betriebswirtschaftliche und psychologische Effekte, Bern 1980

[25] *Hentze, Joachim/Kammel, Andreas/Lindert, Klaus:* Personalführungslehre – Grundlagen, Funktionen und Modelle der Führung, Bern 1997

[26] *Hesse, Jürgen/Schrader, Hans Christian:* Die Neurosen der Chefs, München 1998

[27] *Janzen, Lisa:* Führung und Kommunikation – Zur betrieblichen Kommunikation von Führungskräften, Bremen 1987

[28] *Jetter, Frank/Köcher, Wolfgang/Kopp, Ralf/Skrotzki, Rainer (Hrsg.):* Managementkompetenz für Führungskräfte – Das Handbuch zur Personalführung und Personalentwicklung, Münster 2000. Der vorliegende Artikel ist ein gekürzter Abdruck des Beitrags „Durch lernende Führungskräfte und Führungskompetenz zur lernenden Organisation" des Autors aus dem Handbuch „Managementkompetenz". Wir danken dem LIT-Verlag für die freundliche Kooperation.

[29] *Jetter, Frank:* Effektive Personalgespräche zur Vereinbarung von Zielen und zur Ermittlung des Weiterbildungsbedarfs, in: Jetter, Frank/Köcher, Wolfgang/Kopp, Ralf/Skrotzki, Rainer (Hrsg.): Managementkompetenz für Führungskräfte – Das Handbuch zur Personalführung und Personalentwicklung, Münster 2000, S. 283-308

[30] *Jetter, Frank/Skrotzki, Rainer:* „LIPS" – Systemische Personalentwicklung durch Lernimpulse: Das Lernimpulskonzept zur Qualifizierung und Beratung von Führungskräften im Bereich Führung und Personalentwicklung – Grundlagen eines methodischen, didaktischen und inhaltlichen Systems, in: Jetter, Frank/Köcher, Wolfgang/Kopp, Ralf/Skrotzki, Rainer (Hrsg.): Managementkompetenz für Führungskräfte – Das Handbuch zur Personalführung und Personalentwicklung, Münster 2000, S. 103-142

[31] *Jetter, Frank/Skrotzki, Rainer:* Kontinuierliche Qualifikation als Führungsaufgabe – Methoden und Instrumente in der Weiterbildung:

von AQUA über ESSSO zur HELIX, in: Jetter, Frank/Köcher, Wolfgang/Kopp, Ralf/Skrotzki, Rainer (Hrsg.): Managementkompetenz für Führungskräfte – Das Handbuch zur Personalführung und Personalentwicklung, Münster 2000, S. 143-166

[32] *Jetter, Frank:* Durch Zielvereinbarungsgespräche zur Lernenden Organisation: Zielvereinbarungsgespräche als Führungs- und Kommunikationsinstrument im Personalwesen und der Unternehmensführung – Über die Dritte Evolutionsstufe einer Managementmethode, in: Jetter, Frank/Skrotzki, Rainer (Hrsg.): Handbuch Zielvereinbarungsgespräche, Stuttgart 2000, S. 3-37

[33] *Jeuschede, Gerhard:* Führungstechniken, Wiesbaden 1992

[34] *Jeuschede, Gerhard:* Grundlagen der Führung – Führungsprozess, Führungskreis, Führungsfunktion, Führungskonzeptionen, Wiesbaden 1994

[35] *Kasper, Helmut/u.a. (Hrsg.):* Management-Seminar Personal, Führung, Organisation, Wien 1996

[36] *Keller, Ansgar:* Weiterbildungsbedarf von Führungskräften in mittelständischen Unternehmen, Eschborn 1998

[37] *Kieser, Alfred (Hrsg.):* Handwörterbuch der Führung, Stuttgart 1987

[38] *Knebel, Heinz/Schneider, Helmut:* Führungsgrundsätze – Leitlinien für die Einführung und praktische Umsetzung, Heidelberg 1994

[39] *Lay, Rupert:* Führen durch das Wort, München 1978

[40] *Leicher, Rolf:* So führt man Kritikgespräche richtig, Renningen-Malmsheim 1995

[41] *Litzenberg, Ralf:* Führungsausbildung im Unternehmen, Spardorf 1987

[42] *Macharzina, Klaus:* Informationspolitik – Unternehmenskommunikation als Instrument erfolgreicher Führung, Wiesbaden 1990

[43] *Mahlmann, Regina:* Selbsttraining für Führungskräfte – Ein Leitfaden zur Analyse der eigenen Führungspersönlichkeit und eine Anleitung zum „persönlichen Change Management", Weinheim 1998

[44] *Mann, Rudolf:* Die fünfte Dimension in der Führung – Quelle für Produktivität und Kreativität im Unternehmen, Düsseldorf 1993

[45] *Merz, Eberhard:* Lernen – Das gegenwärtige Ereignis für die Zukunft, Berlin 1999

[46] *Müller-Thurau, Claus:* Führen durch Empowerment, Düsseldorf 1996

[47] *Nair, Keshavan:* Führen durch Vorbild, Freiburg i. Br. 1997

[48] *Neubauer, Walter:* Führen und Leiten in sozialen Organisationen, in: Boskamp, Peter/Knapp, Rudolf (Hrsg.): Führen und leiten in sozialen

Organisationen – Handlungsorientierte Ansätze für neue Managementkompetenz, Neuwied 1996, S. 75-108
[49] *Neuberger, Oswald:* Führen und geführt werden, Stuttgart 1990
[50] *Pfützner, Robert:* Kooperativ führen – eine Führungslehre für Vorgesetzte, Köln 1994
[51] *Priel, Wilfried:* Führungsprobleme mittelständischer Unternehmen in Deutschland, Frankfurt am Main 1993
[52] *Rahn, Horst:* Führung von Gruppen, Heidelberg 1998
[53] *Rieckmann, Heijo:* Managen und Führen am Rande des 3. Jahrtausends – Praktisches, Theoretisches, Bedenkliches, Frankfurt am Main 1997
[54] *Rosemann, B.:* Führungsverhalten und Rollenerwartungen in formellen Gruppen; in: Psychologie und Praxis, 1973, S. 145-161
[55] *Rosenstiel, Lutz von:* Führung von Mitarbeitern – Handbuch für erfolgreiches Personalmanagement, Stuttgart 1995
[56] *Saaman, Wolfgang:* Effizient Führen – Mitarbeiter erfolgreich führen, Wiesbaden 1990
[57] *Saul, Sigmar:* Führen durch Kommunikation – Gespräche mit Mitarbeiterinnen und Mitarbeitern, Weinheim 1995
[58] *Schwab, Siegfried:* Führung und Motivation in der öffentlichen Verwaltung, Pfaffenweiler 1988
[59] *Senge, Peter:* Die fünfte Disziplin, Stuttgart 1996
[60] *Simbrunner, Josef:* Das 50-Punkte-Programm für Führungskräfte, Renningen-Malmsheim 1994
[61] *Spiess, Helmut:* Führungsaufgaben des Meisters, Eckental 1993
[62] *Sprenger, Hans:* Kooperative Führungskonzepte in deutschen Unternehmen, Berlin 1987
[63] *Stroebe, Rainer/Stroebe, Guntram:* Führungsstile, Heidelberg 1996
[64] *Stroebe, Rainer/Stroebe, Guntram:* Grundlagen der Führung, Heidelberg 1999
[65] *Struck, Olaf:* Individuenzentrierte Personalentwicklung, Frankfurt am Main 1998
[66] *Thiele, Albert:* Lebenslanges Lernen für Führungskräfte – Ein Leitfaden für die Praxis, Köln 1987
[67] *Triandis, H. C.:* A critique and experimental design for the study of the relationship between productivity and job satisfaction, in: Psychological Bulletin, 1959, S. 309-312
[68] *Uhlendorff, Wolfgang/Osterroth, Thomas:* Führungslehre, München 1994
[69] *Walter, Henry:* Handbuch Führung, Frankfurt am Main 1998

[70] *Wellershoff, Dieter:* Führen, Bonn 1997

[71] *White, Randall/Hodgson, Philip/Crainer, Stuart:* Überlebensfaktor Führung, Berlin 1997

[72] *Wiedemann, Herbert:* Mitarbeiter richtig führen – Motivation, Partizipation, Kommunikation, Ludwigshafen 1989

[73] *Wiendieck, Gerd (Hrsg.):* Führung im Wandel – Neue Perspektiven für Führungsforschung und Führungspraxis, Stuttgart 1990

[74] *Wunderer, Rolf:* Führung und Zusammenarbeit – Beiträge zu einer Führungslehre, Stuttgart 2000

[75] *Zaleznik, Abraham:* Führen ist besser als managen, Freiburg i. Br. 1990

[76] *Zander, Ernst:* Führung in Klein- und Mittelbetrieben, Freiburg i. Br. 1994

Vom Vorgesetzten zum Coach: Neue Führungskräfteleitbilder und ihre praktische Umsetzung

2

Gunnar Kunz und Rainer Siewers

1. Eine neue Form der Führung

Nach den Unternehmens-Restrukturierungen der letzten Jahre ist eines deutlich geworden: Die klassisch-hierarchische Führung vermag den aus Globalisierung und Wettbewerb erwachsenden hohen Anforderungen an die Unternehmen nicht mehr gerecht zu werden. Dementsprechend ist das neue Leitbild für Führungskräfte nicht mehr der „Führer", sondern der „Coach". Was aber bedeutet ein partizipativer Führungsstil tatsächlich und vor allem – wie verwirklicht man ein solches Leitbild im Unternehmen?

Unter Führung versteht man im Allgemeinen die zielbezogene und bewusste Verhaltensbeeinflussung in einer Organisation. In Unternehmen kann Führung einerseits durch strukturelle Maßnahmen erfolgen, zum Beispiel durch die Einführung von partnerschaftlichen Zielvereinbarungssystemen oder durch die Implementierung motivierender Anreiz- und Vergütungsmodelle. Führung meint andererseits aber vor allem personenbezogene Steuerungsmaßnahmen – spezifisch die Kommunikation zwischen Führungskräften und Mitarbeitern oder Teams.

Entsprechend wird Führung in den verhaltensorientierten Organisationswissenschaften häufig definiert als „unmittelbare, absichtliche und zielorientierte Einflussnahme von Vorgesetzten auf Mitarbeiter mit Hilfe unterschiedlicher Kommunikationsmittel". Zu ergänzen ist, dass Führung auch „von unten nach oben" erfolgen kann, und dass in einer ausgeprägten Teamkultur der Grad der Eigensteuerung höher sein kann als die Fremdsteuerung. Eigenverantwortlichkeit und kooperatives, partnerschaftliches Handeln gewinnen in Organisationen mit flachen Hierarchien zunehmend an Bedeutung: Herkömmliche Führung durch Anweisungen, Vorgaben und Kontrollen tritt zurück. Der Stellenwert von teambezogenen Zielvereinbarungen und die selbstgesteuerte, kundenorientierte Aufgabenerledigung nimmt demgegenüber zu. Um eine rasche und direkte Ausrichtung der Leistungsbeiträge an den Kundenerwartungen sowie ganzheitliches Handeln entlang der Wertschöpfungskette zu erreichen, muss gegebenenfalls auch ohne „Abstimmung" mit der Führungskraft agiert werden. Diese setzt hohes Vertrauen und ein Bekenntnis zu schnellem, risikoorientiertem Handeln voraus.

Einschränkungen in klassisch geführten Organisationen

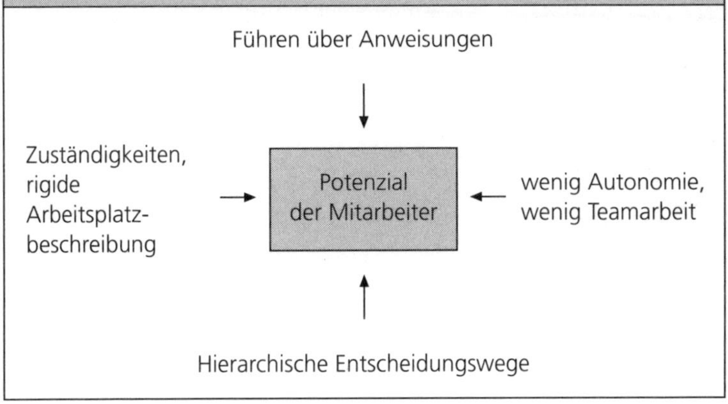

Führungskräfte als Moderatoren

Führung durch eine einzelne Führungskraft vollzieht sich nicht im „luftleeren Raum". Das Führungsverhalten ist abhängig von der jeweiligen Situation, den organisationsspezifischen Rahmenbedingungen und vom Handeln der vorgelagerten Führungsebene. Die zunehmende Spezialisierung und Arbeitsteilung in Unternehmen trägt dazu bei, dass die zu führenden Mitarbeiter als Experten auf ihrem Fachgebiet im Detail oftmals mehr „wissen" als der Vorgesetzte, der sich eher als Generalist verstehen sollte. Dies hat Konsequenzen für das eigene Führungsverständnis: Gefragt sind als Führungskräfte folglich nicht die „besten Sachbearbeiter", die in allen Fachfragen ihren Mitarbeitern voraus sind. Führungskräfte müssen vielmehr als Moderatoren Orientierung vermitteln, ihren Mitarbeitern geeignete Aufgaben mit hohen Gestaltungsspielräumen übertragen, Teams motivieren und dafür Sorge tragen, dass

Ziele erreicht werden, ohne dass die persönlichen Belange der Mitarbeiter auf der Strecke bleiben. Partnerschaftliche Führung erfordert folglich vor allem soziale und persönliche Kompetenz und einen kooperativen, Freiraum gewährenden Führungsstil. Dies gilt auch für Projektleiter, die eine temporäre Führungsaufgabe ausfüllen und meist über eine geringere Positionsmacht verfügen. Fehlen die zwischenmenschlichen und kommunikativen Fähigkeiten, empfiehlt sich für den Einzelnen eher die Übernahme von Fachaufgaben ohne maßgebliche Führungsanteile.

Ist Führung lernbar?

Kann Führen überhaupt gelehrt werden? Sicherlich lässt sich diese Frage nicht mit einem einfachen „ja" oder „nein" beantworten. Es dürfte ein Konsens dahingehend bestehen, dass Führungskräfte erst durch konkrete Erfahrungen, durch die „tägliche Führungsarbeit" und durch die selbstkritische Bewertung des eigenen Handelns kooperatives Leistungsverhalten erlernen. Führen kann nicht direkt durch herkömmliche Schulungen „gelehrt", aber doch in gewissem Maße „gelernt" werden – etwa dadurch, dass man sich am Verhalten erfahrener Führungskräfte orientiert, aus Fehlern Konsequenzen zieht oder die Reaktionen der Mitarbeiter und Kollegen auf eigenes Verhalten zum Anlass nimmt, sich selbst kritisch zu hinterfragen.

Führungskräfterollen in Empowerment-Organisationen

- Berater oder Mentor
- Vermittler einer Vision
- Ziel-Controller
- Herausforderer
- Talentförderer
- Ressourcen-Beschaffer

Was nützen speziell klassische Führungsseminare? Der Erfolg von solchen Weiterbildungsveranstaltungen ist umstritten. Meist sind die guten Vorsätze schon nach kurzer Zeit wieder vergessen, die neu erworbenen Erkenntnisse in der Hektik des Alltags verpufft, und ein langfristiger Transfer findet nicht statt. Die Gründe für die geringe Wirksamkeit von traditionellen Führungs-Trainings sind vielfältig: Zum einen werden häufig Standardprogramme angeboten, die wenig Bezug auf die individuelle, organisationsspezifische Bedarfssituation der Teilnehmer nehmen. Zum anderen fehlt die kontinuierliche Begleitung und Supervision – auf diese Problematik wird am Ende noch eingegangen.

2. Personale Voraussetzungen

Unabhängig von der Frage nach der Effektivität von Führungsseminaren lassen sich einige persönliche, verhaltensbezogene Voraussetzungen für ziel- und mitarbeiterorientiertes, partizipatives Führen benennen. Führungskompetenz lässt sich nur dann gezielt entwickeln, wenn Führungskräfte durch Lernimpulse folgende vier Anforderungen erlernen:

1. *Persönliche Bereitschaft zum mitarbeiter- und situationsgerechten Führen*

   Manche Vorgesetzte betrachten das Führen nicht als eigentliche Aufgabe, sondern lediglich als lästige Pflicht neben den meist mehr geschätzten, „wichtigen Sachaufgaben" und der mit der Führungsrolle verbundenen Positionsmacht in der Organisation. Sie führen nicht, sondern greifen allenfalls ein, wenn die Probleme zu groß werden.

   Führen heißt jedoch, fortlaufend und ganz gezielt Einfluss zu nehmen und sich als Dienstleister für die internen Kunden zu engagieren – vor allem für die eigenen Mitarbeiter und Teams. Dabei gilt es, persönliche Ziele, Wünsche und

Interessen in Erfahrung zu bringen und Konflikte in Arbeitsgruppen als Chance zur Entwicklung neuer Lösungen zu verstehen. Standardrezepte aus Lehrbüchern oder Seminaren sind für die Praxis meist untauglich.

Das Führungsverhalten muss abgestimmt sein auf die Besonderheiten der jeweiligen Situation und die Eigenschaften der Menschen im Team: Während zum Beispiel weniger erfahrene oder neue Mitarbeiter noch gezielte Unterstützung oder unmittelbare Anleitung benötigen, ist es sinnvoll, erfahrenen und hoch qualifizierten Mitarbeitern weitergehende Handlungs- und Entscheidungsspielräume zuzugestehen. Dazu gehört auch, nicht nur Aufgaben und Verantwortung zu übertragen, sondern zugleich die erforderlichen Entscheidungskompetenzen an Einzelne und Teams zu delegieren (Empowerment). Und das ist zugleich die eigentliche Domäne des Coaches: Wie der Trainer einen Hochleistungssportler weniger über direkte Anweisung führt, da dieser in seinem „Fachgebiet" ohnehin über ein Spitzen-Know-how verfügt, so muss auch eine „coachende" Führungskraft ihre Mitarbeiter beraten, unterstützen und begeistern können – eine Aufgabe, die viele gestandene Führungskräfte aber überfordert.

Erfolgs-Tipp:

- Perfektes Führungsverhalten ist unmöglich – schon allein auf Grund der Komplexität der jeweiligen Rahmenbedingungen. Wer situationsgerecht führt, muss daher Fehler einplanen.
- Führungskräfte sollten sich dazu bekennen, nicht immer perfekt sein zu wollen und zu können. Entscheidend ist, dass sie zu ihren Fehlern stehen und konstruktive Rückmeldungen der Mitarbeiter zu ihrem Verhalten offen aufnehmen.

Coaching: Von der direkten zur indirekten Führung

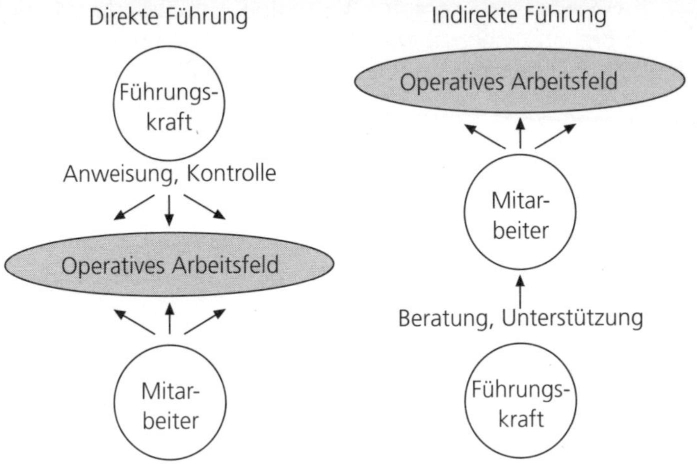

2. *Aktive Dialogbereitschaft und wertschätzendes Verhalten in Mitarbeitergesprächen zeigen – auch in Konfliktsituationen*

   Wer eine Führungsaufgabe ausführt, muss sich die Zeit nehmen, um mit seinen Mitarbeitern zu reden. Dazu gehören unter anderem regelmäßige Zielvereinbarungsgespräche sowie Fördergespräche zur persönlichen Entwicklung der Mitarbeiter – ebenso wie Konfliktgespräche und der tägliche Dialog, zum Beispiel in der Mittagspause. Wer Mitarbeiter kooperativ führen will, sollte sich an ihren Interessen, Einstellungen und Erwartungen orientieren. Nur so kann eine Führungskraft individuelle Verhaltensweisen verstehen, Fähigkeiten und Stärken der Einzelnen aufeinander abstimmen und das Erreichen der Teamziele fördern. Unabdingbar ist dazu die selbstkritische Auseinandersetzung mit den eigenen Gefühlen, Haltungen und Verhaltensweisen. Regelmäßige Gespräche mit den Mitarbeitern, zum Beispiel Teambesprechungen, Anerkennungsgespräche oder Meilensteingespräche zum Überprüfen von Zielvereinbarungen sind unabdingbar, damit die Führungskraft ein „offenes Ohr" für die Belange der Mitarbeiter behält.

Eine Voraussetzung für erfolgreiches Führen ist eine respektierende Einstellung der Führungskraft gegenüber ihren Mitarbeitern. Menschen möchten als Person Wertschätzung erfahren und konstruktive Rückmeldungen zu ihren Leistungsbeiträgen erhalten – und nicht als „ausführendes Organ" betrachtet werden.

Erfolgreiche und vertrauensvolle Zusammenarbeit erfordert deshalb, sich in die Lage des jeweils anderen zu versetzen und sich wechselseitig mit Anerkennung, Aufrichtigkeit und Toleranz zu begegnen. Aufgabe einer Führungskraft ist es dabei, die unterschiedlichen Interessen von Unternehmen, Mitarbeitern und Kunden zu berücksichtigen und weitgehend in Übereinstimmung zu bringen. Wer sich ausschließlich daran orientiert, den Umsatz zu steigern, gute Ergebnisse zu präsentieren oder sich selbst „nach oben" zu profilieren, verliert häufig nicht nur Kunden, sondern auch engagierte Mitarbeiter.

Wer glaubhaft führen will, muss auch seine Emotionen im Griff haben und in Konfliktsituationen einen kühlen Kopf bewahren. Wutausbrüche oder Beschimpfungen gegenüber Mitarbeitern verringern die Chance, positiven Einfluss zu nehmen. Die eigene Arbeit sollte zugleich in weitgehender Übereinstimmung mit den Anforderungen privater Lebensbereiche ökonomisch und so weit wie möglich stressfrei unter Erleben persönlicher Zufriedenheit geleistet werden. Hier eine ausgewogene Balance erreichen zu können, wird mit dem derzeit populären Begriff der „emotionalen Intelligenz" beschrieben.

3. *Orientierung vermitteln und vorbildlich handeln*

Menschen benötigen Orientierung darüber, wohin es geht oder zumindest gehen kann. Das gilt für das Unternehmen insgesamt, den eigenen Bereich und die persönliche Entwicklung. Deshalb ist es wichtig, dass eine Führungskraft unternehmerische Visionen verdeutlicht und gemeinsam mit den Mitarbeitern persönliche Entwicklungsperspektiven konkretisiert. Eine Führungskraft ist gefordert, als Vorbild zu handeln – etwa indem sie sich darum bemüht, Führungsgrundsätze mit Leben zu erfüllen. Wer von anderen Verhaltensweisen fordert, die er selbst nicht zeigt, scheitert in der Regel.

Beispielhaft sollte auch der Umgang mit Fehlern und eigenen Schwächen sein. Eine Führungskraft ist kein „makelloser Übermensch", sondern gesteht ihre Fehler ein und ist offen für ernst zu nehmende Kritik. Sie fordert geradezu offene Rückmeldungen und stellt sich dementsprechend zum Beispiel einer „Beurteilung von unten nach oben", einem verhaltensorientierten Check-up (Management Audit) oder einem „360-Grad-Feedback" im Sinne einer persönlichen „Rundumeinschätzung" durch Kollegen, Mitarbeiter, Vorgesetzte und Kunden.

4. *Personalentwicklung ernst nehmen*

Die Verantwortung der Führungskräfte für ihre Mitarbeiter reicht sehr weit; sie darf nicht von der Linie an die Personalabteilung delegiert werden – zum Beispiel wenn „unangenehme Gespräche" zu führen sind. Personalentwicklung und Personalsteuerung auch in schwierigen Umstrukturierungen sind somit konkrete Führungsaufgaben.

Führungskräfte müssen lernen, in langfristiger Perspektive ihre Mitarbeiter für kommende Aufgaben zu qualifizieren und die veränderten Bedingungen des Arbeitsmarktes zu berücksichtigen. Diese bestehen u. a. in einer steigenden Globalisierung der Wertschöpfungsprozesse, einer verstärkten Kommunikation in computerbasierten Netzen, in vermehrter Gruppenarbeit oder auch in der Integration älterer Menschen in den Arbeitsprozess. Zugleich müssen neue Arbeitszeitmodelle und -formen gefunden werden, die in Phasen des konjunkturellen Umbruchs und der Straffung von Organisationen Mitarbeitern neue Chancen aufzeigen und zugleich zukunftsgerichtete Beschäftigungsperspektiven (Long Term Employability) eröffnen.

Partizipative Führung

Partizipative Führung bedeutet, Mitarbeiter zu selbstgesteuertem Handeln zu ermutigen und auch „loslassen" zu können. Dies fällt vielen Vorgesetzten nicht leicht, scheinen damit doch erhebliche Risiken verbunden – etwa im Hinblick auf den antizipierten Verlust an Steuerungs- und Kontrollmöglichkeiten. Dennoch führt in einem innovativen Unternehmen kein Weg daran vorbei, Führung so zu verstehen, dass Menschen dazu befähigt werden, zunehmend autonomer zu handeln. Dies setzt zugleich bei den geführten Mitarbeitern die Bereitschaft voraus, selbst Verantwortung zu übernehmen und sich zur eigenen Handlungs- und Entscheidungskompetenz zu bekennen.

Die bewusste Übernahme der Verantwortung für die Konsequenzen des eigenen Verhaltens – seien es Erfolge oder auch Misserfolge – ist manchmal deshalb so schwer, weil man „nur sich selbst" zur Rechenschaft ziehen kann. Treffend formuliert Goethe in seinen Maximen und Reflexionen: „Das Wunderlichste im Leben ist das Vertrauen, dass andere uns führen werden. Haben wir's nicht, so tappen und stolpern wir unseren eigenen Weg hin; haben wir's, so sind wir auch, eh wir's uns versehen, auf das schlechteste geführt."

3. Problematisch: Der Transfer in die Praxis

Die genannten Führungsgrundsätze zu verstehen und zu bejahen ist eine Sache – eine ganz andere dagegen, sie zu einem gelebten Bestandteil der Führungskultur des Unternehmens zu machen. Oben wurde bereits darauf hingewiesen, dass durch Führungsseminare allein – gleich wie wertvoll sie inhaltlich auch sein mögen und wie gut sie „gemacht" sind – eine durchgreifende Verhaltensänderung nicht zu erreichen ist. Oft genug wird von Führungskräften obendrein auch aus der Fülle der Seminarangebote mehr oder weniger nach dem Zufallsprinzip ausgewählt. Es zeigt sich dann, dass – im günstigsten Falle – der Seminarinhalt „interessant", der Trainer „überzeugend" und die präsentierten Führungstheorien „plausibel" waren. Die Teilnehmer verfügen damit aber eben noch nicht über ein erweitertes Handlungsrepertoire, um die Komplexität des Führungsalltags eigenverantwortlich kompetenter zu bewältigen.

Schrittweise zur Praxis

Der Transfer in die Praxis hat daher in mehreren Schritten zu erfolgen (siehe Abb. auf Seite 83). Erstens ist natürlich das Wissen über die Grundsätze der Führung und deren Implikationen für die eigene Praxis unabdingbar. Hier haben die Führungsseminare auch ihren wichtigen und unverzichtbaren Sinn. In einem zweiten Schritt ist aber ebenso unabdingbar, eine Lernsituation in der Praxis zu schaffen, in der das gedanklich verstandene – oder eben nur in Seminar-Spielsituationen erprobte, neue Führungsverhalten – real gelernt und in das eigene Verhaltensrepertoire aufgenommen werden kann. Dazu eigenen sich zum Beispiel projektbezogene Teamlernformen für Führungskräfte, in denen das eigene Verhalten sowohl von den Teammitgliedern als auch von dem die Gruppe begleitenden Moderator oder Team-Coach ständig reflektiert wird und Lernimpulse aufgenommen werden können. Weiterhin sind alle Maßnahmen mit denen kontinuierlich das neue Verhalten immer wieder erprobt und umgesetzt wird, von hohem Nutzen. Beispiele hierfür sind:

- Kurze Impulsseminare zu Führungsfragen
- Kontinuierliche Erfahrungsaustauschrunden mit Kollegen
- Follow-Ups zu den in Seminaren verabredeten persönlichen Veränderungsvorhaben – beispielsweise mit den anderen Seminarteilnehmern gemeinsam
- Weiterführende Teamtrainings, in denen die Fragen der Führung und Zusammenarbeit mit den Mitarbeitern und Kollegen praxisnah bearbeitet werden

Alle diese Aktivitäten können den Prozess der Veränderung des Führungsverhaltens nachhaltig unterstützen.

Die genannten Maßnahmen leiten schließlich über zu einem für den Erfolg der Veränderung ebenfalls unverzichtbaren dritten Schritt: eine organisationsweite Prozessbegleitung für die Implementierung der neuen Führungskultur. Die isolierte Umsetzung neuer individueller Verhaltensweisen in einem diesen Änderungen mit Unverständnis begegnenden Umfeld ist allerdings nur sehr schwer oder gar nicht zu realisieren: Man spricht in diesem Zusammenhang auch von einer „kognitiven Dissonanz", wenn der aus einem Führungsseminar mitgebrachte Elan an der Realität des betrieblichen Umfeldes zerbricht. Eine neue Führungskultur realisiert man nur unternehmens- bzw. organisationsweit oder gar nicht. Instrumente für eine solche erfolgssichernde Begleitung können sein:

- Die Prozessberatung für ein größeres Veränderungsprojekt mit dem Ziel der Implementierung neuer Führungsgrundsätze
- Die Supervision von Führungskräfteteams, die im Sinne von „kollegialen Lerngruppen" ihr Führungsverhalten gezielt optimieren wollen
- Die Einzelberatung der Führungskräfte durch einen externen, neutralen Coach

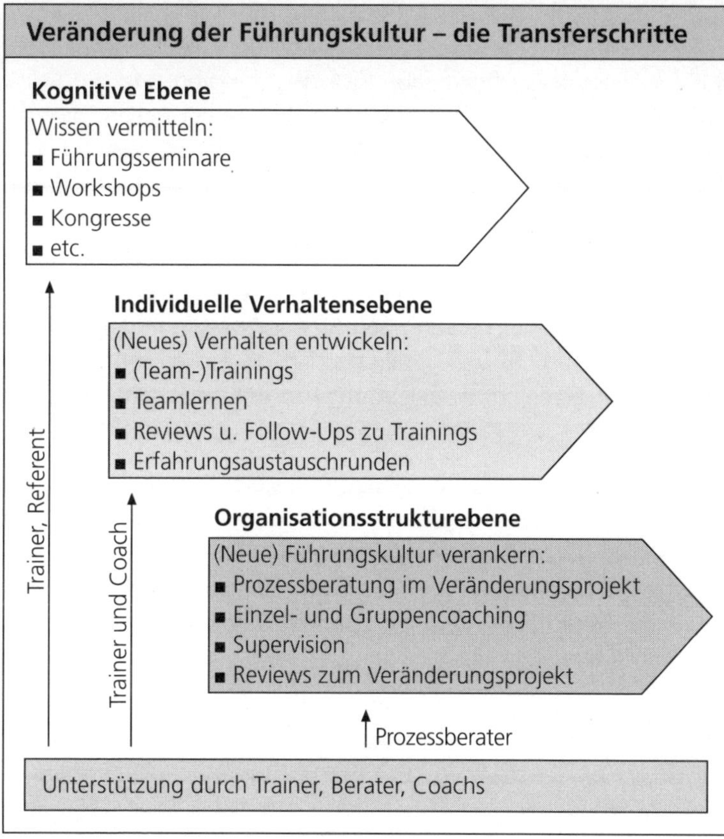

Die größte Chance für eine umfassende Veränderung des Verhaltens bietet sicherlich die Begleitung der einzelnen Führungskraft durch einen Coach; denn zweifellos wird die persönliche Entwicklung in einer Führungsrolle durch Supervision, Coaching und gezieltes Verhaltenstraining mit Feedbackanteilen stark gefördert. Allerdings wird es aus Effizienz- und Kostengründen nicht immer sinnvoll sein, allen Führungskräften in der Organisation ein umfangreiches Einzelcoaching anzubieten. Aber selbst dann, wenn das Unternehmen seinen Führungskräften solche Angebote macht, werden diese in der Regel nicht von allen Führungskräften positiv aufgenommen. Schließlich steht ein Manager, der einen Coach „braucht", leicht im Ruch persönlicher Unzulänglichkeiten. Auch hier ist also Überzeugungsarbeit zu leisten und ein Stück neuer Unternehmenskultur zu schaffen! Vielleicht gelingt dies am besten mit dem Hinweis auf die Spitzensportler, die besonders in den „olympischen Disziplinen" nahezu alle einen persönlichen „Top-Trainer" haben. Ein individueller Lernerfolg kann aber nur dann erzielt werden, wenn der Betreffende die echte Bereitschaft zur Überprüfung seines Verhaltensrepertoires mitbringt. Mitunter wird gerade in einer persönlichen Standortbestimmung die Kluft zwischen Anspruch und Realität, d. h. zwischen anerkannten Führungsleitsätzen und gelebtem Führungsverhalten, deutlich sichtbar.

Folglich ist die „aktuelle Revitalisierung" vieler Unternehmen nicht nur durch Umstrukturierungen und Prozessoptimierungen an sich zu erreichen. Es bedarf vielmehr einer neuen, offenen und partnerschaftlichen Lernimpulskultur, die durch Feedback- und Führungskultur die Mitarbeiter auf allen Ebenen für ehrgeizige Unternehmensziele begeistert.

Erfolgs-Tipp:

Von der lernwilligen Führungskraft erfordert dies die Bereitschaft, sich auf allen Ebenen persönlicher „Leadership-Kompetenz" – also fachlich, methodisch, sozial und strategisch – weiter zu qualifizieren. Dies bedeutet nicht zuletzt Ausdauer, Anstrengung und persönliches Commitment zu ständiger Veränderung, denn nur wer kontinuierlich seine Stärken vervollkommnet und aus Fehlern lernt, kann sich zum „akzeptierten, vorbildlichen Leader" entwickeln.

4. Literaturhinweise

[1] *Brinckmann, Ralf:* Mitarbeiter-Coaching, Heidelberg 1997

[2] *Dammermann-Prieß:* Team-Lernen in der Führungskräfteentwicklung, in: Papmehl, André/Siewers, Rainer (Hrsg): Wissen im Wandel, Wien 1999

[3] *Hillengaß, Horst W.:* Ressource Mitarbeiter, Stuttgart 1994

[4] *Katzenbach, Jon:* Gruppe oder Team? – Mit flexibler Führung zur Hochleistung, in: Papmehl/Siewers (Hrsg), Wissen im Wandel, Wien 1999

[5] *Kälin, Karl/Müri, Peter:* Sich und andere führen, Thun 1993

[6] *Kunz, Gunnar C.:* Führung in der lernenden Organisation, Personalführung 2/99

[7] *Kunz, Gunnar C.:* Zielvereinbarungen, Zeitschrift für Organisationsentwicklung 4/98

[8] *Müller-Thurau, Claus Peter:* Führen durch Empowerment, Düsseldorf 1996

[9] *Shula, Don/Blanchard, Ken:* Talent zum Coach hat jeder!, Wien 1996

Von der Personalentwicklung zur pädagogischen Führung

3

Wolfram Theymann und Walter Hofmann

1. Führung heute: Kooperativ statt autoritär

Eine Orientierung auf dem großen und unübersichtlichen Markt der Führungstheorien ist schwer, vor allem dann, wenn man sich bemüht, einen Überblick über Bestehendes zu erhalten. Die Vielzahl an Angeboten und deren Unterschiedlichkeit weisen bereits darauf hin, dass es eine durchgängige Theorie oder eine eindeutige Definition von Führung nicht gibt. Einzelne Autoren sind sogar der Ansicht, dass die vielen Schriften über Führung daher „mehr Heiz- als Erkenntniswert" haben [6].

Einfacher ist eine Eingrenzung dessen, was Führung meint, anhand einer Sammlung der Aufgaben von Führungskräften. Sowohl in der Literatur als auch in Seminaren befragte Führungskräfte beschreiben regelmäßig Aufgaben wie delegieren, koordinieren, organisieren, anleiten, kontrollieren, anordnen, entscheiden, gestalten, verantworten, vermitteln etc. Einige, und das sind vor allem solche, die bezüglich kooperativer Führung bereits vorgeprägt sind, nennen auch Aufgaben wie Vorbild sein, „hegen und pflegen".

Beispiel:

Herr Schmidt ist Leiter der Abteilung Kundenservice. In sein Aufgabengebiet fällt auch die Technische Kundenhotline. Hier werden telefonisch und per E-Mail Fragen der Kunden in Problemfällen beantwortet. Seit einiger Zeit häufen sich Beschwerden, dass E-Mails nicht oder erst verspätet beantwortet werden, dass Kunden bei Anrufen nur das Besetztzeichen erreichen und dass Mitarbeiter sich am Telefon patzig verhalten.

Wie soll Herr Schmidt als Führungskraft damit umgehen? Soll er anordnen, wie sich die Mitarbeiter gegenüber dem Kunden zu verhalten haben? Soll er die Mitarbeiter, die nun schon öfter negativ aufgefallen sind, austauschen? Was kann er tun, um die Kundenorientierung stärker zu entwickeln?

Führung hat etwas mit Interaktion zu tun, der Interaktion zwischen Führungskräften und ihren Mitarbeitern und der Förderung der Interaktion zwischen den Mitarbeitern als auch mit anderen Führungskräften. Weiterhin lässt sich aus den genannten Aufgaben schließen, dass Führung vor allem zwei wesentliche Aufgabengebiete umfasst: einmal Probleme der Zielsetzung und Aufgabenintegration zu lösen (koordinieren, organisieren, planen etc.) und zweitens Fragen der sozialen Beeinflussung und der Sozialintegration zu behandeln (anleiten, anordnen, „hegen und pflegen", vermitteln etc.). Aufgaben und Probleme sollen durch soziale Einflussnahme zielgerichtet gelöst werden.

Veränderte Arbeitssysteme

Im Laufe der Zeit haben sich die Anforderungen an das Verhalten der Führungskräfte erheblich verändert und werden sich weiter verändern. War Führung früher vor allem durch einen autoritären Führungsstil geprägt, wird heute ein kooperativer Stil empfohlen und umzusetzen versucht. Dies hat zum einen damit zu tun, dass sich die Anforderungen des Arbeitssystems verändert haben und hierfür Menschen gebraucht werden, die flexibel, weitgehend selbstorganisiert und in Teams zusammenarbeiten können. Diese Menschen müssen kooperativ geführt werden, weil diese Art von Arbeit motivierte und zufriedene Mitarbeiterinnen erfordert, die in der Lage sind, selbstständig zu handeln, zu entscheiden und zu verantworten.

Dazu kommt, dass sich auch die Anforderungen der Menschen an ihre Arbeit verändert haben: Sie wollen eine Beteiligung an Entscheidungen und weitgehende Handlungs- und Entscheidungsspielräume, um diese Entscheidungen in ihren Bereichen selbstständig und eigenverantwortlich umsetzen. Und solche Mitarbeiterinnen können eben nicht autoritär geführt werden – so lässt sich Selbstständigkeit nicht verordnen oder Eigenverantwortlichkeit kann nur dort eingefordert werden, wo die Mitarbeiterinnen die zugehörigen Entscheidungen mindestens akzeptieren können oder aber sogar an deren Entstehung beteiligt waren.

Notwendig: Flexible Rahmenbedingungen

Übergeordnete Führungsaufgabe ist es, einen Rahmen zu schaffen, der es den Mitarbeitern ermöglicht, ihre Arbeit möglichst motiviert, mit guter Qualität und Leistung ausführen zu können. Dieser Rahmen besteht einmal aus Handlungs- und Entscheidungsspielräumen, die die Mitarbeiter nutzen können.

Diesen Spielräumen sind aber auch deutliche Grenzen gesetzt, die sich beispielsweise durch Vorgaben (von Kundinnen oder der Führung), durch begrenzte Ressourcen, aber auch durch bestehende Gesetze ergibt. Dies sind die Grenzen der Handlungs- und Entscheidungsspielräume, die zu respektieren sind.

Führung heißt, Freiräume zu geben, aber den Rahmen, innerhalb dessen diese Freiräume überhaupt erst möglich werden, ebenso deutlich zu machen, vorzugeben und zu gestalten. Dieser Rahmen darf weder zu eng noch zu weit gesteckt sein und muss sich auch am Grad der individuellen Selbstständigkeit der Mitarbeiter orientieren. Nicht jeder hat es gelernt, Freiräume zielgerichtet zu nutzen.

Erfolgs-Tipp:

- Aufgabe der Führungskraft ist es konkret, dafür zu sorgen, dass die Mitarbeiter ihre Arbeit gut und erfolgreich machen können. Dazu gehört es, den Anforderungen der Mitarbeiter an ihre Arbeit (und an die Führung) als auch den Anforderungen der Arbeit an die Mitarbeiter gerecht zu werden.
- Im Blick auf die Mitarbeiter heißt das, Stärken fördern und entwickeln zu lassen und vorhandene Schwächen auszugleichen – zunächst durch die eigene fachliche Arbeit, langfristig aber auch durch entsprechende Lern- und Entwicklungsprozesse. Führung wird so zum Dienst am Mitarbeiter.

2. Personalentwicklung als Führungsaufgabe

Neben den veränderten Anforderungen der Mitarbeiter an ihre Arbeit und die Führungskräfte haben sich auch die Anforderungen des Arbeitssystems an die Mitarbeiter verändert. Vor allem ständig neue Qualifizierungserfordernisse müssen von den Organisationen und Mitarbeitern bewältigt werden. Lassen sich hierbei die fachlichen Anforderungen noch am ehesten durch klassische Schulungen und Seminare bewältigen, wird es bei Anforderungen an die soziale Kompetenz wie beispielsweise die Fähigkeit zur Zusammenarbeit, die Fähigkeit zu lebenslangem und selbstständigem Lernen oder zu kundenorientiertem Verhalten, schwieriger. In Seminaren lassen sich zwar Wissen und Methoden vermitteln und deren Anwendung trainieren, eine Umsetzung und Bewährung in der Praxis ist dadurch aber noch nicht gewährleistet.

Für die Umsetzung des Gelernten spielen unter anderem soziale Prozesse in der Organisation, die Organisationskultur, Machtstrukturen, das Verhalten der Führungskräfte und insbesondere der Organisationsleitung eine Rolle, also solche Faktoren, die verhindern oder fördern können, dass das Erlernte auch angewendet werden kann. Dies muss in der Gestaltung der Lernprozesse angemessen Berücksichtigung finden. Es macht nun einmal wenig Sinn, Mitarbeiter in kundenorientiertem Verhalten zu schulen, wenn die Strukturen und die begrenzten Ressourcen ein solches Verhalten überhaupt nicht zulassen (keine Zeit für den Kunden, zu wenig Personal für die Kundenhotline o. Ä.).

Nötige Qualifikationen entwickeln

Was ist in diesem Zusammenhang Personalentwicklung? Nach weit verbreitetem Verständnis ist es Sinn der Personalentwicklung, dafür zu sorgen, dass das Personal über die benötigten Qualifikationen verfügt. Aufgabe der Personalentwicklung ist es, den aktuellen und zukünftigen Entwicklungsbedarf systematisch zu erfassen, diesen im Rahmen der erforderlichen Ressourcen zu decken und die Umsetzung des Gelernten durch entsprechende Maßnahmen zu ermöglichen.

Personalentwicklung ist Führungsaufgabe! Dieses Verständnis ist – zumindest theoretisch – weit verbreitet und wird oft auch als Begründung dafür verwendet, dass man keine professionelle Kraft in diesem Bereich benötigt. Dies ist zunächst auch richtig, da die Führungskräfte ihre Mitarbeiter und deren Potenziale, Interessen, Defizite etc. am besten kennen und insofern auch den individuellen Lern- und Entwicklungsbedarf am besten einschätzen können – Führungskräfte sind hier sozusagen einfach näher dran. Unklar ist in der Praxis aber häufig, wie denn diese Aufgabe zielgerichtet und systematisch erfüllt werden kann. In der Regel fehlt hier den Führungskräften das spezielle, professionelle Know-how.

In größeren Organisationen gibt es für die Personalentwicklungsaufgaben meist eigene Fachkräfte oder eine eigene Abteilung „Personalentwicklung". Abgesehen davon, setzt sich auch hier zunehmend die Erkenntnis durch, dass die Führungskräfte diese Aufgabe wesentlich übernehmen müssen. Hauptamtlichen Personalentwicklern kommt dann die Aufgabe zu, den Führungskräften die notwendige fachliche Unterstützung zu geben und damit verbundene organisatorische Aufgaben zu übernehmen.

In kleineren und mittleren Organisationen gibt es zumeist keine eigenen Personalentwickler. Doch selbstverständlich kommen auch diese Organisationen um eine Entwicklung ihres Personals nicht herum. In der Praxis setzt sich daher auch hier mehr und mehr die Erkenntnis durch, dass auf entsprechendes professionelles Know-how zugegriffen werden muss. Dieses kann entweder in Form von externer Beratung und Dienstleistung zugekauft werden, oder aber mehrere kleinere Organisationen schließen sich zusammen und „teilen" sich einen Personalentwickler.

3. Lernen in Organisationen

In Organisationen müssen heute vielfältige Lernprozesse stattfinden. Immer neue Entwicklungen erfordern ständig eine Erweiterung der fachlichen, methodischen, sozialen und personalen Kompetenzen der Mitarbeiter. Vieles davon lässt sich in Seminaren und Trainings erlernen und vermitteln.

Bekannt sind aber auch die Effekte, dass Seminarteilnehmer zurück in „die Praxis" kommen und – hochmotiviert – versuchen, das Gelernte umzusetzen und hier aber auf ein Umfeld stoßen, welches eine erfolgreiche Anwendung des erworbenen Wissens be- oder gar verhindern kann. Zum einen können organisatorische Strukturen und Abläufe der Anwendung entgegenstehen, und zum anderen die Kultur einer Organisation, also das soziale „drumherum", die Normen und Werte bzw. „das, was in der Organisation üblich ist". Struktur und Kultur werden so zu wesentlichen Erfolgsfaktoren für Lernprozesse in Organisationen und müssen bei der Gestaltung dieser Prozesse durch Lernimpulse berücksichtigt werden.

Soziale und personale Kompetenzen

Darüber hinaus bestehen aber auch solche Lernerfordernisse, die sich nicht ausschließlich durch die Vermittlung von Wissen oder Methoden bewerkstelligen lassen. Vor allem die Entwicklung von sozialen oder personalen Kompetenzen (zum Beispiel Kommunikationsfähigkeit und Lernbereitschaft, oder auch unser Beispiel Kundenorientierung) erfordert auch die Veränderung von inneren Einstellungen, von Bewusstsein und von Verhaltensweisen, die gewissermaßen die Basis für diese Kompetenzen bilden. Eine solche Veränderung kann aber nur sehr schwer in Seminaren erreicht werden. Sie erfordert Zeit für eine nachhaltige Entwicklung und eine lernförderliche Gestaltung des alltäglichen sozialen Umfelds, dass sich die gewünschten Kompetenzen entwickeln können.

Erfolgs-Tipp:

Lernen geschieht nicht nur in Seminaren und Trainings, sondern passiert unbeabsichtigt immer, zum Beispiel durch Nachahmung, durch Anpassung, durch Ausprobieren von Neuem etc. Der Mensch lernt den größten Teil dessen, was er im Laufe seines Lebens lernt, vor allem unbeabsichtigt – durch sich selbst und durch andere.

Auch in Organisationen wird unbeabsichtigt gelernt. Hier gibt es heimliche Spielregeln und ungeschriebene Gesetze, die Auskunft geben, wie man sich in einer Organisation verhalten muss, um erfolgreich zu sein oder Führungskräfte geben durch ihr Vorbild Verhaltensweisen vor. Solche heimlichen Regelungen können gleichzeitig den niedergeschriebenen widersprechen. Jeder Mensch wächst in eine Organisation hinein, passt sich den dortigen Begebenheiten an, identifiziert sich mit den dortigen Werten, Normen und Regeln, übernimmt Handlungsmuster etc. Der Mensch durchläuft eine „betriebliche Sozialisation" bzw. passt sich der Kultur einer Organisation an. Diese Phänomene können auf der einen Seite verhindern, dass das in Seminaren erlernte Wissen umgesetzt werden kann, sorgen aber auf der anderen Seite dafür, dass auch ohne beabsichtigte Lernprozesse wie Seminare und Trainings in Organisationen gelernt wird – unter Umständen eben auch Dinge, die gar nicht gewünscht werden oder den Organisationszielen entgegenstehen. Diese unbeabsichtigten Lernprozesse sind oft mächtiger als die beabsichtigten.

Achtung: Hohe Anpassungsfähigkeit

Auch nicht-kundenorientiertes Verhalten wurde zuvor „gelernt", etwa weil es in einer Organisation nicht üblich ist, sich kundenorientiert zu verhalten, weil die Strukturen kundenorientiertes Verhalten überhaupt nicht ermöglichen oder auch, weil die Mitarbeiterinnen merken, dass es Organisationsleitung und Führungskräfte mit der Kundenorientierung doch nicht richtig ernst meinen, obwohl sie den Begriff in „Sonntagsreden" immer wieder gerne hochhalten. Mitarbeiterinnen passen sich mit einem nicht-kundenorientierten Verhalten unter Umständen nur der herrschenden Kultur an bzw. verhalten sich so, dass sie innerhalb der Organisation mit ihren Wünschen und Bedürfnissen erfolgreich sind.

Diese Prozesse zu beeinflussen und so zu gestalten, dass dort „zielgerichtet" Lernen stattfinden kann, ist auch Aufgabe von Personalentwicklung und somit eben auch Aufgabe der Führungskräfte. Gerade den Führungskräften kommt hier eine bedeutende Rolle zu, da diese die „heimlichen" Lernprozesse selbst bedingen. Soziale und personale Kompetenzen, wie beispielsweise Kundenorientierung, können sich nur in einem dieser Entwicklung förderlichen Umfeld und Alltag entwickeln.

Personalentwicklung als Führungsaufgabe wird so zu mehr als nur der Aufgabe, Seminare und Weiterbildung der Mitarbeiter zu organisieren und zu verteilen; Führung wird zur Aufgabe, Situationen und Prozesse des Alltags durch Lernimpulse so zu gestalten, dass dort – neben der eigentlichen operativen Arbeit – auch Lernen und Entwicklung in der gewünschten Richtung (zum Beispiel Förderung von kundenorientiertem Verhalten) stattfinden kann. Führung wird so zu einer pädagogischen Aufgabe.

4. Führung als pädagogische Aufgabe

Was hat Führen mit Pädagogik zu tun? Pädagogik beschäftigt sich mit der Theorie und Praxis des Lernens, setzt sich also mit der Gestaltung von Lern- und Entwicklungsprozessen von Individuen, aber auch von Organisationen auseinander. Dies geschieht zunächst wertneutral und unabhängig davon, welche Inhalte vermittelt werden sollen.

Dabei lassen sich explizite und implizite Lernprozesse unterscheiden. Explizite Lernprozesse sind solche, die ausdrücklich zum Lernen bestimmt sind, wie ein Seminar oder ein Training. Dort findet Lernen statt, und die Beteiligten sind sich dessen bewusst. Dabei handelt es sich sozusagen um ein allgemeines Verständnis von Lernen. Diese Lernform ist weit verbreitet.

Lernen passiert aber – wie bereits aufgezeigt – auch implizit bzw. unbeabsichtigt. Immer wenn Menschen zusammentreffen, geschehen soziale Prozesse der Kommunikation, Interaktion, der gegenseitigen Wahrnehmung und Beeinflussung etc. Auch diese Prozesse sollten mindestens beachtet und vor allem genutzt und gestaltet werden, so dass bei den an ihnen Beteiligten Lernen und Entwicklung in die gewünschte Richtung stattfindet. Eine Führung, die sich mit diesen Lernprozessen befasst, wird zur „Pädagogischen Führung".

Implizite und explizite Lernprozesse gestalten

Pädagogisches Handeln im Allgemeinen und pädagogische Führung im Speziellen bedeutet, explizite und implizite Lernprozesse zu initiieren und zu gestalten, damit sich die gewünschten und benötigten Qualifikationen und Verhaltensweisen entwickeln. Konkret heißt das, Einfluss auf andere Menschen zu nehmen, auf diese einzuwirken, sie zu fördern, zu fordern, zu beraten, sie anzuleiten, zu befähigen, zu lenken, zu coachen, sie Erfahrungen machen zu lassen, diese Erfahrungen zu reflektieren, zu motivieren, zu sanktionieren etc.

Diese Einflussnahme geschieht absichtsvoll und hat das Ziel, dauerhafte Erlebens-, Wissens- und Verhaltensänderungen in gewünschter Weise hervorzurufen wie beispielsweise

- eine bestimmte innere Verfassung zu erlangen (zum Beispiel Teamgeist erwerben);
- bestimmte Eigenschaften zu entfalten (zum Beispiel Zuverlässigkeit, Toleranz, Kreativität);

- bestimmte Einstellungen zu entwickeln (kundenorientiertes Handeln);
- Handlungsfähigkeit zu erreichen (Handlungskompetenz als Kundenberater).

Dabei wird an Fähigkeiten, Fertigkeiten, Wissen, Können, Normen, Werten, Einstellungen, Kompetenzen etc. angesetzt.

Pädagogische Führung zeichnet sich dadurch aus, dass klare Lern- und Entwicklungsziele bestehen und diese Ziele durch absichtsvolles Tun (nicht durch zufälliges!) erreicht werden!

Das heißt allerdings nicht, dass sich die gewünschten Entwicklungen soziale und personale Kompetenzen (kundenorientierte Einstellung) einfach „herbeimanipulieren" lassen. Sollen Verhaltensänderungen nachhaltig sein, können sie nicht erzwungen oder „erzeugt" werden, sondern müssen sich bei den Mitarbeitern in einem längerfristigen Prozess selbst entwickeln können. Aufgabe pädagogischer Führung ist es, ein Lernangebot zu initiieren und die notwendigen Entwicklungsbedingungen zu schaffen.

Pädagogische Führung ist keine Methode, die, richtig angewendet, immer die gewünschten Erfolge bringt. Pädagogische Führung hat eher etwas mit dem persönlichen Selbstverständnis von Führungskräften zu tun, die neben ihren anderen Führungsaufgaben auch darauf achten, Lern- und Entwicklungsprozesse auszulösen, die den zukünftigen Erfordernissen entsprechen.

Pädagogische Führung in der Praxis

Wie kann eine solche pädagogische Führung nun in der Praxis aussehen? Wie können – am Beispiel einer Verbesserung der Kundenorientierung – Wege aussehen, durch Personalentwicklung und pädagogische Führung Entwicklungen zu initiieren und zu lenken? Dazu einige Vorschläge:

- Die Führungskraft verhält sich als Vorbild gegenüber den Kunden der Organisation konsequent kundenorientiert.
- Die Führung macht den Mitarbeitern deutlich, welche Erwartungen (im Allgemeinen oder auch auftragsbezogen) die Kunden an die Organisation haben. Die Führung vertritt die Vorgabe seitens der Kunden gegenüber den Mitarbeitern.
- Die Führungskraft vereinbart gemeinsam mit den Mitarbeitern Ziele zum Zielbereich Kundenzufriedenheit. Beide legen gemeinsam fest, wie die Zielerreichung gemessen werden soll.
- In einem Workshop mit Führungskräften und Mitarbeitern wird gemeinsam definiert, wie Kundenorientierung in der Organisation aussehen soll. Dabei findet auch eine Auseinandersetzung mit Problemen, Unzulänglichkeiten und Widersprüchen statt.
- Im Workshop gesammelte Widersprüche werden von der Führung beseitigt.
- In einem Seminar zum Thema „Kundenorientiertes Verhalten" werden nicht nur Inhalte vermittelt, sondern es findet zwischen den Teilnehmenden ein aktiver Austausch über Erfahrungen mit Kunden, Einsichten, Wahrnehmungen etc. statt, und es werden Verhaltensweisen erarbeitet, wie mit schwierigen Kunden umgegangen werden kann.
- Nach dem Seminar fragt die Führungskraft, welche der neuen Einsichten in Zukunft umgesetzt werden sollen, was von Seiten der Führung getan werden muss, damit die Umsetzung gewährleistet ist und wie der Erfolg der Umsetzung gemessen werden kann.
- Kundenorientiertes Verhalten wird konsequent belohnt. Nicht-kundenorientiertes Verhalten wird konsequent sanktioniert.

- Positive Rückmeldungen und Beschwerden werden systematisch ausgewertet und die Ergebnisse den Mitarbeitern mitgeteilt. Aus den gewonnen Erkenntnissen werden mit den Mitarbeitern neue Ziele vereinbart, die eine Verbesserung der Kundenorientierung ermöglichen.
- Die Führung fordert und fördert die Mitarbeiter bedarfsgerecht, d. h. sie richtet das Ausmaß der Vorgaben, ihrer Hilfestellung, ihrer Eingriffe in die selbstständige Planung der Mitarbeiter etc. nach dem jeweiligen Entwicklungsstand.
- Die Führungskraft lässt ihr eigenes Verhalten gegenüber den Kunden von den Mitarbeitern beurteilen, um selbst aus den Rückmeldungen zu lernen.
- Es finden regelmäßig Workshops mit den Mitarbeitern statt, in denen schwierige Kundensituationen besprochen, Verhaltensalternativen erarbeitet werden und als Rollenspiel geübt werden.
- Die Führungskraft gibt einem Mitarbeiter den Auftrag, einen schwierigen Kunden zurückzurufen, der sich beschwert hat. Im Anschluss an das Gespräch werden die Erfahrungen des Mitarbeiters reflektiert.
- In der Organisation finden in bestimmten Abständen Vorträge und Diskussionen zum Thema „Kundenorientierung" statt.

Konkretes Führungshandeln ist immer abhängig von den beteiligten Personen, von der bestehenden Kultur, von der Persönlichkeit der Führungskraft etc., also von der gesamten Komplexität sozialer Situationen, und muss auf diese abgestimmt sein. Insofern stellt diese Liste exemplarisch mögliche pädagogische Aktivitäten dar und ist natürlicherweise nicht als allgemein gültige „Verfahrensanweisung" einer Verbesserung der Kundenorientierung durch pädagogische Führung zu verstehen. Sie dient der Veranschaulichung dessen, was „pädagogische Führung" meint.

Effekte und Wirkung

Was macht nun die Wirkungen dieser pädagogischen Aktivitäten aus? Bei vielen Beispielen geht es darum, Möglichkeiten der Auseinandersetzung mit der Thematik, den zugehörigen Zielen oder auch den Anforderungen der Kunden zu bieten. Eine solche Auseinandersetzung findet zwischen Mitarbeitern, aber auch zwischen Mitarbeitern und Führungskräften statt. Dadurch werden die Ziele klarer, die Mitarbeiter informiert, Einsichten vermittelt und die dahinter stehenden Werte und Überzeugungen hinterfragt. Die Auseinandersetzungen dienen auch dazu, das eigene Verhalten zu reflektieren und Verhaltensalternativen zu erarbeiten oder aufzuzeigen.

Wichtig sind auch die Wirkungen, die bei und durch die Maßnahmen von der Führung ausgehen: Hier spielen die Vorbildfunktion, also das Lernen am Modell und das „Austesten" der Mitarbeiter, ob es die Führung auch wirklich ernst meint, eine große Rolle. Das Interesse am Erfolg und dessen Messung, das Aufzeigen der Konsequenzen in positiver und negativer Richtung oder auch eventuelle Belohnungen oder Sanktionen unterstreichen dies. Darüber hinaus werden Mitarbeiter gemäß ihres Entwicklungsstandes gefordert und gefördert.

5. Pädagogische Führung: Eine Schlüsselqualifikation

Das Schwierige an „pädagogischer Führung" ist, diese zu erlernen. Pädagogische Führung ist keine Methode oder „Technik", deren Anwendung man einfach erlernen kann. Zunächst sind folgende drei Aspekte grundlegend:

1. Die Erkenntnis, dass Strukturen, die Kultur der Organisation und das Verhalten der Führungskräfte – unabhängig davon, ob bewusst oder unbewusst – Lern- und Entwicklungsprozesse auslösen bzw. behindern können.

2. Die Erkenntnis, dass es wichtig ist, Struktur, Kultur und das eigene Verhalten in Bezug auf deren Auswirkungen auf die Entwicklung der Mitarbeiter zu reflektieren und zu hinterfragen.

3. Die Erkenntnis, dass es sinnvoll ist, diese Prozesse zielgerichtet zu beeinflussen.

Für pädagogische Führung ist es wichtig, sich mit dem eigenen Menschenbild, dem eigenen persönlichen Führungsverständnis und -handeln auseinander zu setzen und zu reflektieren, was dadurch ausgelöst wird. Weiter ist es hilfreich, etwas über soziale Prozesse, das Verhalten von Menschen in Gruppen und Organisationen zu wissen und zu lernen, dieses Wissen in der Praxis anzuwenden. Eine bedeutende Rolle spielt auch der Austausch mit anderen Führungskräften in Form von Erfahrungsaustauschkreisen oder Workshops. Anfangs sollten diese durch einen Coach begleitet und geleitet werden, der als kritischer Gesprächspartner und Entwickler zur Verfügung steht und Inputs zu Führung und pädagogischer Führung einbringen kann. Darüber hinaus ist Coaching ein guter Weg, pädagogische Führung zu erlernen – Coaching für Einzelne oder eben auch für eine Gruppe von Führungskräften.

Was soll erreicht werden?

Das Ziel ist es, sensibler mit den alltäglichen Situationen und deren Wirkungen umzugehen und zu lernen, das eigene Verhalten so zu verändern, dass damit die gewünschten Entwicklungen bei den eigenen Mitarbeitern angeregt werden.

Dabei orientiert sich pädagogische Führung konsequent an konkreten Lern- und Entwicklungszielen, die sich aus den Zielen der Organisation ergeben. Immer steht die Frage im Hintergrund, wie denn betriebliche Alltagssituationen gestaltet werden können, dass dort Lernen und Entwicklung in die gewünschte Richtung stattfinden kann.

Führungskräfte spielen auf Grund ihrer Funktion in der Organisation eine besondere Rolle und haben Einfluss auf das Lernen und die Entwicklung der Mitarbeiter. Diesen Einfluss gilt es zielgerichtet zu nutzen: durch die Gestaltung des Betriebsalltags und des Umgangs zwischen Führungskräften und Mitarbeitern.

Erfolgs-Tipp:

- Führung ist eine pädagogische Aufgabe! Ein pädagogisches Verständnis bzw. pädagogische Führung wird zum Schlüssel für die Entwicklung vieler heutiger und zukünftiger Lernerfordernisse – vor allem, wenn es um soziale Kompetenzen oder auch um die Entwicklung oder Veränderung von beruflich relevanten Einstellungen und Verhaltensweisen (zum Beispiel Kundenorientierung) geht.
- Pädagogische Führung hilft, diese Lernerfordernisse zielgerichtet abzudecken, und wird so zu einer bedeutenden Schlüsselqualifikation, die sich heutige und zukünftige Führungskräfte aneignen müssen.

6. Literaturhinweise

[1] *Bartsch, Elmar (Hrsg.):* Sprechen, Führen, Kooperieren in Betrieb und Verwaltung, München 1994

[2] *Eunson, Baden:* Betriebspschologie, Hamburg 1990

[3] *Geißner, Hellmut:* Gesprächsführung, Führungsgespräche, St. Ingbert 1998

[4] *Küpper, Willi; Ortmann Günther (Hrsg.):* Mikropolitik, Opladen 1992

[5] *Neuberger, Oswald:* Führen und geführt werden, Stuttgart 1994

[6] *Neuberger, Oswald:* Personalentwicklung, Stuttgart 1994

[7] *Sader, Manfred:* Psychologie der Gruppe, Weinheim 1994

[8] *Sattelberger, Thomas:* Innovative Personalentwicklung, Wiesbaden 1995

[9] *Sonntag, Karlheinz (Hrsg.):* Personalentwicklung in Organisationen, Göttingen 1992

[10] *Spieß, Erika:* Verhalten in Organisationen, Stuttgart 1999

[11] *Thomas, Alexander:* Grundriß der Sozialpsychologie, Göttingen 1992

Konflikte im Projektteam: Hilfe durch kommunikative und organisatorische Erfolgsintelligenz

4

Thomas Eckardt

„Als ich merkte, dass von Leuten mit gleichen Fähigkeiten,
die einen sehr arm, die anderen aber sehr reich sind, wunderte ich mich,
und es schien mir eine Untersuchung wert, wie das kommt.
Da stellte sich nun heraus, dass das ganz natürlich zuging.
Wer nämlich ohne Plan handelte, an dem rächte es sich,
wer sich aber mit einem Verstand bemühte,
der arbeitete schneller, leichter und Gewinn bringender."

Sokrates

1. Zunehmend schwieriger: Projektmanagement

In sich immer schneller wandelnden Märkten haben in den letzten Jahren die Unternehmen und Unternehmer gemerkt, dass der kontinuierliche Umbau sowie die Weiterentwicklung des Unternehmens einen wirksamen Erfolgsfaktor darstellt.

Die Zielsetzung dieses Lernimpulses ist es, Klippen und Fallstricke im Projektmanagement aufzuzeigen und den Verantwortlichen und Mitarbeitern Hilfestellungen zu geben, nicht in diese Fallen zu tappen. Nicht nur die Einführung neuer Software oder IT-Plattformen, Arbeitszeitsysteme, Entgeltsysteme, neuer Vertriebsstrukturen, Produktionsverfahren, unternehmerischer Umorganisationen sind – im Sinne des Projektmanagements – Projektthemen.

In vielen Gesprächen mit Projektverantwortlichen stellt sich die Frage: „Warum scheitern Projekte?" Die Antworten lauten häufig: „Ressourcen zu knapp", „Keine Zeit", „Kein Geld".

2. Zwischenmenschliches unter den Teammitgliedern

Selbstkritische Führungskräfte berichten davon, dass sie nicht selten zu wenig planerischen Aufwand betrieben, d. h. Projekte mit der „heißen Nadel" gestrickt haben.

Nachdenkliche und reflektierte Fach- und Führungskräfte schildern, dass die Projekte nicht am fachlichen Know-how gescheitert sind, sondern dass es zwischenmenschliche Probleme gab: Konkurrenz, Abteilungs- und Ressortdenken, Neid, Missgunst, gekränkte Eitelkeiten, Benachteiligung, Missverständnisse, schlechte Kommunikation, zu wenig Einbindung und Identifikation der Mitarbeiter, fehlerhafte Auswahl von Projektgruppenteilnehmern, nicht genügend Schirmherrschaft u. Ä. Diese Aufzählung der Aussagen von Praktikern zeigt, dass die menschliche Kommunikation eine Schlüsselrolle spielt.

Der Erfolg von Projektmanagement hängt – vielleicht noch mehr als vom richtigen Einsatz der Techniken – von der Akzeptanz dieser Arbeit durch die betroffenen Mitarbeiterinnen und Mitarbeiter ab. Gerade die Vielzahl von Veränderungsprozessen, die Unternehmen in den Zeiten strukturellen und grundlegenden Wandels durchmachen, verlangen von den Betroffenen ein besonders hohes Maß an Akzeptanz.

Um diese Akzeptanz zu fördern, ist ein grundlegendes Wissen über den Menschen notwendig: über die Art des Lernens und Wahrnehmens, über Ursachen und Bearbeitung von Stress, über die Auswirkungen von Menschenbildern auf die Gestaltung von Organisationen und die Auswirkungen bestimmter Organisationsformen auf die Persönlichkeit und Motivation von Mitarbeitern.

Weil Menschen jedoch nicht als isolierte Einzelwesen in Unternehmen arbeiten, sondern meist in Projekt- oder sonstigen Arbeitsgruppen, wird außerdem die Psychologie von Gruppen – die Entwicklung von Gruppen, von Rollen und Kommunikationsprozessen innerhalb von Gruppen – behandelt. Häufig ist es Führungskräften und Beratern nur über das Wissen um diese Gruppenprozesse und -beziehungen möglich, Verhalten von Individuen zu verstehen und zu beeinflussen.

In diesem Wechselspiel zwischen Akteuren und Prozessen wandelt sich auch das Berufsbild der Führungskraft zunehmend. Die Entwicklung geht hin zu einem internen Berater, der in viel stärkerer Form als zuvor mit den Mitarbeitern zusammen nach Möglichkeiten der Optimierung und konsensfähigen Lösungen sucht, der bei solchen Verbesserungsprozessen die Abteilungen häufig nur noch anleitet und begleitet, statt „im stillen Kämmerlein" eigene Lösungen auszutüfteln.

Mehr denn je wird aus dieser Situation heraus projektorientierte Arbeit zur Arbeit unmittelbar mit Menschen, mehr denn je kommt es auf die soziale Kompetenz von Führungskräften an.

3. Projektrealisierung: Methode, Ziel, Rahmenbedingungen

„Als sie ihr Ziel endgültig aus den Augen verloren hatten, verdoppelten sie ihre Anstrengungen." (Mark Twain)

Projektmanagement und Projekttätigkeit finden in einem Spannungsfeld statt, welches aus den Interessen von Auftraggeber, Auftragnehmer sowie Projektteam besteht, und in deren Mitte die Projektaufgabe angesiedelt ist. Das Interesse des Auftraggebers besteht in erster Linie darin, den von ihm gewünschten Auftrag so früh wie möglich, so preiswert wie möglich, so gut wie möglich und so schnell wie möglich zu erhalten. Damit ist zumeist eine kurzfristige Sichtweise verbunden. Der Auftraggeber wird in aller Regel durch eine Kontaktperson repräsentiert. Im Verhältnis zum Projektteam nimmt der Projektmanager eine steuernde Rolle wahr.

Der Auftraggeber initiiert ein Projekt und ernennt einen Projektleiter, mit dem er einen Projektauftrag vereinbart. Er gibt das Projekt zur Bearbeitung frei und nimmt die Projektergebnisse ab. Gibt es mehrere Auftraggeber, bilden diese zusammen einen Entscheiderkreis.

Folgende Checkliste zeigt, welche Fragen vor der Realisierung eines Projektes geklärt werden müssen.

Checkliste: Projektrealisierung
▪ Was ist der Zielrahmen des Projektes? ▪ Welche Zeitrahmen und welche Meilensteine sind zu vereinbaren? ▪ Wer ist ein geeigneter Projektleiter? ▪ Wer stellt die erforderlichen personellen und finanziellen Ressourcen bereit? ▪ Welche Voraussetzungen sind für eine erfolgreiche Projektarbeit erforderlich und sind sie vorhanden? ▪ Wie kann der Auftraggeber das Projekt unterstützen?

Je mehr Fragen Sie bejahen, desto sinnvoller ist ein Projekt. Je mehr Sie verneinen, umso sinnvoller ist es, die Aufgabenstellung im Fachbereich zu bearbeiten.

Ziele im Projektmanagement

Grundsätzlich dient eine Methode dazu, ein möglichst gutes Verhältnis von Ergebnisqualität und Projektaufwand zu gewährleisten. Im Einzelnen werden die folgenden Ziele angestrebt.

Ziele des Projektmanagements	
Ziele	**Erläuterungen**
Zielorientiertes Vorgehen	Es soll sichergestellt werden, dass die Ziele der Entscheider erkannt und verfolgt werden. Erst wenn die Ziele bekannt sind, sollen geeignete Lösungen gesucht werden.
Das „richtige" Problem angehen	Es soll Einigkeit darüber bestehen, was als Problem anzusehen ist. Es sollen nur für solche Bereiche Vorschläge erarbeitet werden, die auch verändert werden dürfen. Den Handlungsspielraum einengende Vorschriften – Randbedingungen, zwingende Vorgaben – sollen so früh wie möglich bekannt sein.

noch: Ziele des Projektmanagements

Ziele	**Erläuterungen**
Standardisiertes Vorgehen	Die Arbeit soll sich an einem Ablaufmodell orientieren, so dass ▪ ein standardisiertes Vorgehen möglich ist, das die Koordination aller Beteiligten erleichtert ▪ die Grundstruktur eines Projektablaufes nicht jedes Mal wieder neu geplant werden muss
Projektbegleitende Steuerung sicherstellen, Entscheider einbinden	Der Entscheider soll kontinuierlich den Projektfortschritt steuern – die wichtigen Weichen stellen – da ▪ die Bearbeiter eines Projektes in der Regel über keine eigenen Entscheidungsbefugnisse verfügen ▪ dadurch kostspielige Fehlentwicklungen frühzeitig erkannt werden ▪ die Entscheider den Projektfortschritt besser nachvollziehen können, was auch deren Entscheidungsfähigkeit und -bereitschaft fördert
Beherrschen komplexer Probleme	Es soll gewährleistet werden, dass ▪ die gedankliche Auseinandersetzung mit einem Problem systematisiert geordnet und vereinfacht wird ▪ bei der Arbeit im Detail der Überblick erhalten bleibt ▪ Einzellösungen miteinander verträglich sind – Insellösungen vermieden werden
Rationalisierungspotenziale nutzen	Mehrfach benötigte Faktoren, zum Beispiel Informationen, Sachmittel, Programme etc., sollen ▪ möglichst nur einmal entwickelt oder bereitgestellt werden ▪ möglichst standardisiert werden

Projekt-Zielanalyse: Was ist ein Ziel?

Ein Ziel ist ein gedanklich vorweggenommener, zukünftiger Zustand, der bewusst ausgewählt und gewünscht und durch aktives Handeln erreicht wird. Ein Ziel ist Richtschnur und Maßstab für alle Projektaktivitäten, es sollte daher immer so formuliert werden, dass es folgende Bedingungen erfüllt:

- Eindeutigkeit = Inhalt
- Messbarkeit = Ausmaß
- Nachprüfbarkeit = Ausmaß + Zeit
- Terminierung = Zeit

Erfolgs-Tipp:

- Nur ein geschriebenes Ziel ist tatsächlich auch ein Ziel – selbstverständlich sollte es auch lösungsneutral formuliert werden.
- Ziele sollten anspruchsvoll, aber erreichbar sein.

Bei der Zielfindung schränken sich häufig bestimmte Ziele gegenseitig ein. Ursache sind oft die Interessenkollisionen einzelner Abteilungen. Daher ist es unbedingt notwendig, sich frühzeitig und ganzheitlich mit den Projektzielen auseinander zu setzen. Außerdem ist eine vollständige Transparenz der Projekthintergründe für alle Beteiligten ein Muss!

Auf dem Weg zur Zielfindung sind verschiedene Umfelder zu analysieren:

- **Sachliches Umfeld**

  Wer ist der Auftraggeber? Welche Erfahrungen liegen mit ähnlichen Projekten vor? Wie steht es um die Motivation der Mitarbeiter? Wie groß ist die Bedeutung des Projekts für die Abteilung oder das Unternehmen?

- **Zeitliches Umfeld**

  Wie verlief die Vorprojektphase? Welche Entscheidungen müssen berücksichtigt werden? Wie stark werden die Beteiligten belastet werden?

- **Soziales Umfeld**

  Wer nimmt wie Einfluss auf das Projekt? Wer ist von dem Projekt wie betroffen? Wer sind die späteren Kunden? Wer kann Informationen liefern?

Stärken des Projektmanagements

- Konzentration auf die Bereitstellung von zeitgerechten Arbeitsergebnissen
- Effiziente Steuerung des Ressourcenverbrauchs
- Integration der verschiedenen Fähigkeiten der Teammitglieder
- Intensive Managementtätigkeit bezüglich einer eng definierten Aufgabe

Ein Projekt wird durch drei Merkmale definiert. Es konzentriert sich auf eine Aufgabe, die

- einmalig von ihrem Inhalt,
- befristet von ihrem Bearbeitungszeitraum und
- häufig interdisziplinär von den zu erfüllenden Tätigkeiten gestaltet ist.

Diese drei Wesenszüge können durch die Regelorganisation eines Unternehmens nur schwer ausgefüllt werden. Sie ist zumeist auf bestimmte, fest definierte Aufgabenbereiche hin ausgelegt, in denen sich wiederholende Tätigkeiten stattfinden.

Projektmanagement dient der effizienten Erfüllung einer Projektaufgabe und umfasst die zielgerichtete Planung, Steuerung und Kontrolle von Projekten. Projektplanung ist daher als ein Abschnitt des Projektmanagements anzusehen. Dabei beinhaltet Projektmanagement auch das Führen und Leiten der Teammitglieder.

Mitunter ist auch eine Rolle als Coach des Kunden denkbar. In Abgrenzung dazu beinhaltet Projekttätigkeit die Erfüllung der geplanten Aufgaben. Dabei kann sich das Team vollkommen auf die spezifische Aufgabenerfüllung konzentrieren.

Tätigkeiten im Projektverlauf

- Entwerfen des Konzeptes
- Planen der Durchführung
- Bereitstellen der Ressourcen
- Erarbeiten des Produktes
- Steuern der Arbeiten
- Beenden des Projektes

Entwerfen eines Konzeptes

Beim Entwurf eines Konzeptes ist es wichtig

- die Projektaufgabe gedanklich zu strukturieren
- festzulegen, welche Ergebnisse erreicht werden sollen
- die Möglichkeiten zur Risikoreduzierung offen zu legen
- den Qualitätssicherungsprozess zu bestimmen
- die Arbeitspakete zu gestalten, also welche Aufgabe wann, von wem und mit welchem Zeitaufwand erledigt werden soll

Planung der Durchführung

Die Planung der Durchführung umfasst die detaillierte Festlegung von Arbeitspaketen und Terminen, Bestimmung von Meilensteinen, genaue Zuordnung von Material- und Personalressourcen, Bewertung festgestellter Risiken und Nennung von Möglichkeiten zu deren Verminderung.

Bereitstellung der Ressourcen

Die Bereitstellung der Ressourcen umfasst die Organisation und Beschaffung der Ressourcen, deren Zuordnung zu Tätigkeiten oder Personen, die Zuordnung der Personen zu den Arbeitspaketen (wer macht was?) sowie die klare Festlegung von Verantwortlichkeiten. Insbesondere für den Teamleiter gehört auch die Bildung eines wirkungsvoll zusammenarbeitenden Teams dazu.

Erarbeitung der Produkte

Die Erarbeitung des Produktes umfasst das eigentliche „Doing". Wird auch der Projektmanager hier kaum noch eingreifen, so ist der Teamleiter voll in die Produkterstellung eingebunden. Hier vollzieht sich der Kern der Wertschöpfung, es wird das geschaffen, wofür der Kunde eigentlich bezahlt. Dementsprechend sorgfältig sollte dabei gearbeitet werden. Alle anderen genannten Tätigkeiten sind also eigentlich „nur" unterstützende Tätigkeiten, wenn auch oft wichtige.

Steuern der Arbeiten

Das Steuern der Arbeiten besteht im Wesentlichen aus der Steuerung des Projektverlaufs anhand von Leistungskriterien. Dazu sind im Einzelnen die Leistungskriterien zu generieren und auszuwerten. Dazu zählt auch das Berichten über den Status, d. h. die regelmäßige Weitergabe von Informationen an die nächsthöhere Hierarchieebene. Im vorliegenden Fall geschieht dies vom Team bzw. Teamleiter an den Manager. Ferner bedeutet Reporting die Präsentation von Arbeitsergebnissen gegenüber dem Kunden. Insbesondere werden dabei die Projektfortschritte, aber auch die absehbaren Probleme in komprimierter Form berichtet.

Beenden des Projektes

Das Beenden des Projektes umfasst die Fertigstellung aller geplanten Teilaufgaben, die Übergabe aller vereinbarten Leistungen an den Kunden, deren formale Abnahme durch den Kunden, die Abfassung eines Abschlussberichtes sowie die Dokumentation des Projektverlaufs und der gemachten Erfahrungen.

4. Widerstände und Konflikte im Projekt

„Schlaue Menschen beobachten alles, dumme haben an allem etwas auszusetzen." (H. Heine)

Eine Veränderung stellt in jedem Fall die bestehende Ordnung in Frage und bedeutet somit eine Gefährdung der Balance.

Meist gehen diese Veränderungen mit einer Überbetonung des thematischen oder aufgabenbezogenen Aspekts der Projektbalance und der Vernachlässigung der übrigen Faktoren einher.

Es lassen sich einige Indikatoren benennen, die auf eine Projektkrise hindeuten.

Indikatoren für Projektkrisen
▪ Projektvereinbarung gilt nicht mehr ▪ Prioritäten werden verschoben ▪ Ständige Nachforderungen ▪ Nachlassendes Interesse des Managements ▪ Grad der Unverbindlichkeit nimmt zu ▪ Drohungen mit Externen ▪ Spaltungen im Team ▪ Keine gemeinsame Zielorientierung ▪ Uneinigkeit bei Präsentationen ▪ Schlechte Erfahrungen tauchen auf ▪ Hektik nimmt zu ▪ Witze, Ironie

Diese Überbetonung führt in der Interpretation des Mitarbeiters zu einer „Bedrohung" der anderen Aspekte, die ihm jedoch ebenfalls wichtig sind: Es kommt zu einer spontanen Widerstandsreaktion gegen die Veränderung.

Widerstand der Mitarbeiter kann in sehr unterschiedlicher Form auftreten. Wie sich dieser Widerstand dann in der Realität tatsächlich äußert, hängt von vielen Faktoren wie beispielsweise der Unternehmenskultur, der Wichtigkeit der Angelegenheit für den Einzelnen oder auch der wirtschaftlichen und Arbeitsmarktsituation ab. So ist in Zeiten starker wirtschaftlicher Depression das völlige Ausbleiben kritischer Kommentare noch keine Gewähr für die Akzeptanz von Maßnahmen!

Achtung: Häufig ist das jeweilige Verhalten jedoch nicht gleich als Widerstand zu identifizieren. Führungskräfte und Berater müssen mit „geschärften Sinnen" diese Verhaltensweisen wahrnehmen und ihre Ursachen erkennen.

Zu beachten ist dabei, dass die Führungskraft aus der Beobachtung vereinzelt auftretender Verhaltensweisen nicht verallgemeinernde, vorschnelle Schlüsse zieht. Widerstand sicher zu erkennen setzt voraus, aus der Addition vieler Beobachtungen die wichtigen herauszufiltern und dadurch den richtigen Gesamteindruck zu bekommen.

Widerstand – vier Hypothesen

Von Widerstand kann immer dann gesprochen werden, wenn vorgesehene Entscheidungen oder getroffene Maßnahmen, die auch bei sorgfältiger Prüfung als sinnvoll, logisch oder sogar dringlich notwendig erscheinen, aus zunächst nicht ersichtlichen Gründen bei einzelnen Individuen, bei einzelnen Gruppen oder bei der ganzen Belegschaft auf diffuse Ablehnung stoßen, nicht unmittelbar nachvollziehbare Bedenken erzeugen oder durch passives Verhalten unterlaufen werden.

Wie entsteht Widerstand?

Der oder die Betroffenen haben die Ziele, die Hintergründe oder die Motive einer Maßnahme nicht verstanden. Die Betroffenen haben verstanden, worum es geht, aber sie glauben nicht, was man ihnen sagt. Die Betroffenen haben verstanden, und sie glauben auch, was gesagt wird, aber sie wollen oder können nicht mitgehen, weil sie sich von den vorgesehenen Maßnahmen keine positiven Konsequenzen versprechen.

Keine Veränderungen ohne Widerstand

Widerstand gegen Veränderungen ist etwas ganz Normales und Alltägliches. Wenn bei einer Veränderung keine Widerstände auftreten, bedeutet dies, dass von vornherein niemand an ihre Realisierung glaubt. Nicht das Auftreten von Widerständen, sondern deren Ausbleiben ist Anlass zur Beunruhigung.

Widerstand enthält immer eine „verschlüsselte Botschaft"

Wenn Menschen sich gegen etwas sinnvoll oder sogar notwendig Erscheinendes sträuben, haben sie irgendwelche Bedenken, Befürchtungen oder Angst. Die Ursachen für Widerstand liegen im emotionalen Bereich.

Nichtbeachtung von Widerstand führt zu Blockaden

Widerstand zeigt an, dass die Voraussetzungen für ein reibungsloses Vorgehen im geplanten Sinne nicht bzw. noch nicht gegeben sind. Verstärkter Druck führt lediglich zu verstärktem Gegendruck – besser eine Denkpause einschalten.

Mit dem Widerstand, nicht gegen ihn gehen

Die unterschwellige emotionale Energie muss aufgenommen – d. h. zunächst einmal ernst genommen – und sinnvoll kanalisiert werden. Die Kunst im Umgang mit Widerstand heißt „Judo":

- Druck wegnehmen, dem Widerstand Raum geben
- Antennen ausfahren, in Dialog treten, Ursachen erforschen
- Gemeinsame Absprachen, Vorgehen neu festlegen

Ursache für Widerstände: Bedrohte Bedürfnisse

Gleichgültig, welche Form der Widerstand annimmt – letztlich sind die Ursachen für Widerstände verborgen in verschiedenen individuellen und sozialen Bedürfnissen, die durch die Veränderung möglicherweise bedroht werden.

Folgende Grafik verdeutlicht, durch welche Veränderungen sich Mitarbeiter in der Erfüllung ihrer Bedürfnisse bedroht sehen.

Bedürfnisse und Reorganisation		
Mögliche Auswirkungen der Reorganisation	→	**Mögliche bedrohte Bedürfnisse nach Maslow**
Eigene Karriereplanung für Mitarbeiter nicht umsetzbar	→	Selbstverwirklichung
Beschneidung von Privilegien, Verlust von Statussymbolen	→	Anerkennung, Sozialprestige
Langjährige Arbeitsteams und Kollegen werden getrennt	→	Freundschaft, Liebe, Zuneigung
Neue Aufgaben: Angst vor Über- oder Unterforderung	→	Sicherheitsbedürfnisse
Drohender Arbeitsplatzverlust oder erzwungene Mobilität	→	Grundbedürfnisse

Bezogen auf den einzelnen Mitarbeiter, gibt es keine Möglichkeit, zu Beginn der Projektorganisation vorherzusagen, welche Veränderung bei ihm oder ihr in welcher Form welches der Bedürfnisse eventuell verletzen könnte.

Mit Widerständen umgehen

Mit Widerständen umgehen bedeutet für die Führungskraft in erster Linie, den Widerstand als solchen ernst zu nehmen und zu akzeptieren. Widerstand ist die Reaktion auf die Bedrohung von Bedürfnissen oder schlechte Erfahrungen, die die Mitarbeiter bei vergangenen Veränderungen gemacht haben, und nur in Ausnahmefällen die Marotte notorischer Nörgler.

Aus diesem Verständnis von Widerstand ergibt sich folgendes Vorgehen für Führungskräfte und Berater:

Bearbeitung von Widerständen

! Ernstnehmen der Mitarbeiter !

Informieren

Über
- Ist-Situation
- geplante Veränderungen
- Konsequenzen für die Mitarbeiter

Und zwar
- offen
- rechtzeitig
- umfassend
- kontinuierlich

Hinhören/Hinschauen auf
- Äußerungen der Mitarbeiter
- außergewöhnliches Verhalten
- die verschiedenen Formen von Widerstand

Beteiligen an
- Diskussionsveranstaltungen
- Erhebung/Bewertung der Ist-Situation
- Entscheidungsprozessen
- Hearings
- Projektphasen

Eingehen auf
- Bedürfnisse der Mitarbeiter
- Wünsche
- Verbesserungsvorschläge
- Härtefälle

Verhandeln über
- Streitpunkte und Meinungsverschiedenheiten in kooperativer und kompromissfähiger Weise

Training und Ausbildung
- frühzeitig und bedarfsorientiert sowohl bei Inhalten der fachlichen als auch der sozialen Kompetenzen

! Partizipation von Mitarbeitern !

Projektmanagement: Merkmale der Aufgabengestaltung		
Gestaltungs-merkmal	**Ziel/Absicht – Vorteil/Wirkung**	**Realisierung durch …**
Ganzheitlichkeit	▪ Mitarbeiter erkennen Bedeutung und Stellenwert ihrer Tätigkeit ▪ Mitarbeiter erhalten Rückmeldung über den eigenen Arbeitsfortschritt aus der Tätigkeit selbst	▪ umfassende Aufgaben mit der Möglichkeit, Ergebnisse der eigenen Tätigkeit auf Übereinstimmung mit gestellten Anforderungen zu prüfen
Anforderungs-vielfalt	▪ unterschiedliche Fähigkeiten und Kenntnisse können eingesetzt werden ▪ einseitige Beanspruchungen können vermieden werden	▪ Aufgaben mit planenden und kontrollierenden Elementen bzw. unterschiedlichen Anforderungen an Körperfunktionen und Sinnesorgane
Möglichkeiten der sozialen Interaktion	▪ Schwierigkeiten können gemeinsam bewältigt werden ▪ gegenseitige Unterstützung hilft Belastungen besser zu ertragen	▪ Aufgaben, deren Bewältigung Kooperation nahe legt oder voraussetzt ▪ Teamarbeit
Autonomie	▪ stärkt Selbstwertgefühl und Bereitschaft zur Übernahme von Verantwortung – vermittelt die Erfahrung, nicht einfluss- und bedeutungslos zu sein	▪ Aufgaben mit Dispositions- und Entscheidungs-möglichkeiten
Lern- und Entwicklungs-möglichkeiten	▪ allgemeine geistige Flexibilität bleibt erhalten ▪ berufliche Qualifikationen werden erhalten und weiterentwickelt	▪ problemhaltige Aufgaben, zu deren Bewältigung vorhandene Qualifikationen erweitert bzw. neue Qualifikationen angeeignet werden müssen

Widerstände verändern: Die Rolle der Führungskraft

Die aktuelle Lage fordert Führungskräfte wie Mitarbeiter zum Umdenken und zu Veränderungen auf wie nie zuvor. Diese Überlebensnotwendigkeit widerstrebt der menschlichen Natur. Menschen haben, je älter sie werden, umso mehr Schwierigkeiten mit Veränderungen. Dieser Widerstand wird meist nicht offen zugegeben. Führungskräfte und Mitarbeiter wählen stattdessen Fluchtwege. Hier sind die wichtigsten:

Rechtfertigung

In langen Berichten, umfassenden Plädoyers werden tausend Gründe zusammengestellt und vorgetragen, warum ein Wandel nicht möglich ist.

Schuldzuweisung

Mitarbeiter erwecken den Schein, als ob sie die Veränderung durchaus wollten, weisen aber empört mit dem Finger auf all jene, die sie daran hindern.

Formalismus

Obwohl jeder weiß, dass autoritäre Hierarchien oder funktionale Organisationen zu schwerfällig sind, ziehen sich Menschen gern auf den Dienstweg zurück.

Dienst nach Vorschrift

Ähnlich dem Formalismus verweisen Mitarbeiter oder Führungskräfte stolz auf einmal verabschiedete Handbücher, sinnlos gewordene Vorschriften, und suchen ihr Heil in der Befolgung antiquierter Richtlinien.

Ignorieren

Diese Spezies von Mitarbeitern kennen wir von dem Bild der drei Affen: Sie sehen nichts, sie hören nichts und sie sagen nichts und hoffen, dass sich das Neue schon wieder verflüchtigen wird.

Aktionismus

Statt einer gründlichen Bestandsaufnahme und konsequenten Strategie-Diskussion werden über Nacht Arbeitskreise, Projektgruppen, Qualitätszirkel gebildet, werden Anweisungen und Ukas verschickt, wirbelt man das Unternehmen durcheinander, damit nicht nur das eigene Unternehmen, sondern die ganze Welt sieht, dass diese Firma in Bewegung ist.

Harmonie

Kaum eine Veränderung ist ohne eine gründliche Auseinandersetzung möglich. Der Harmoniker sieht's mit Grausen. Er beschwört die doch allen Menschen so gut tuende und alle Konflikte zudeckende Harmonie.

Geheimniskrämerei

Dies ist ein beliebter Fluchtweg von Führungskräften. Sie haben eine neue Strategie entwickelt, sprechen von neuen Horizonten, können aber leider noch nicht alles sagen. Der Grund: Die Konkurrenz könnte davon erfahren. Aber eigentlich sonnen sie sich in dem Statussymbol, nur allein die neue Strategie und damit die Zukunft des Unternehmens zu kennen.

Manipulation

Manche Führungskräfte tun sich schwer, ihren mündigen Mitarbeitern reinen Wein über die Zukunft einzuschenken. Mit gut gemeinten Argumenten über die „überforderten Mitarbeiter" manipulieren sie ihre Anbefohlenen in die Veränderung und meinen, damit auch noch ein gutes Werk zu tun.

Rückzug

Einst waren sie bekannt als Vorreiter, als Vorbilder und als Macher vergangener Erfolge. Der Strukturwandel erfordert eine totale Neuorientierung. Das ist für viele zu viel. Sie ziehen sich zurück – meist sind sie unkündbar – und verfolgen distanziert den Wandel im Unternehmen.

Innere Kündigung

Diese Menschen kappen innerlich die Bande zu ihrem Unternehmen, betrachten es fortan nur noch als Versorgungsinstitut und verrichten mehr schlecht als recht ihre Routineaufgaben.

Veränderungslernen im Gruppenprozess

„Wir haben nach Mitarbeitern gerufen – und es sind Menschen gekommen." Diesen Satz muss sich ständig vor Augen halten, wer als Projektleiter, Berater und Führungskraft versucht, aus einem Unternehmen oder einem Team das Optimale herauszuholen.

Wird ein Mensch in einem Unternehmen eingestellt, hat er möglicherweise trotz bestehender fachlicher Vorerfahrungen Anlaufschwierigkeiten. Ähnlich wie in einer Mannschaftssportart kennt er zwar das Spiel, das neue Team spielt aber einen ganz anderen Stil oder ein anderes System, als er es von seiner alten Mannschaft gewöhnt war. Vielleicht werden Methoden und Techniken anders als sonst eingesetzt, vielleicht Projektmanagement anders praktiziert, eventuell ganz andere Leistungen als wichtig erachtet.

Vielleicht herrscht aber auch ein ganz anderer „Esprit de Corps", ein Teamgeist, der sich vom herkömmlichen unterscheidet. Hierarchie wird im neuen Unternehmen unter Umständen ganz anders respektiert, der Umgangston ist eventuell rauer oder herzlicher, bestimmte Konflikte dürfen ausgetragen werden oder auch nicht – „die heiligen Kühe sehen hier ganz anders aus …".

Sozialisation

Um mit der Zeit, und natürlich auch möglichst schnell, zu einem vollwertigen Mitarbeiter/Teammitglied zu werden, muss er die neuen Gegebenheiten verstehen, sich vielleicht anpassen oder die Gegebenheiten verändern.

Aber auch an das Unternehmen stellt die Begegnung mit dem „Neuen" gewisse Anforderungen. Um jemanden in die eigenen Reihen aufzunehmen, ist es notwendig, die Spielregeln, nach denen die eigene Mannschaft spielt, zunächst einmal selbst zu kennen und dann an den Neuen weiterzugeben.

Wichtig: Die Lernprozesse, durch welche die vorgeschriebenen, erwarteten oder notwendigen berufs- und positionsspezifischen Orientierungen, Normen und Verhaltensmuster erworben werden, nennt man Sozialisation.

Sozialisation findet jedoch nicht nur dann statt, wenn ein neuer Mitarbeiter integriert werden muss. Sie ist vielmehr immer dann anzutreffen, wenn durch Reorganisationsmaßnahmen Mitglieder aus unterschiedlichen Unternehmensbereichen zusammengewürfelt werden. Jeder bringt sein ganz individuelles Unternehmens- oder Bereichskulturverständnis mit, Werte und Verhaltensvorstellungen kollidieren miteinander.

Die gesamte Tätigkeit der Projektmitarbeiter ist also vollkommen auf die Erfüllung einer Aufgabe ausgerichtet. Eine Folge davon ist eine enge Zusammenarbeit mit dem Auftraggeber, d. h. dem Kunden, um jederzeit das Produkt an dem spezifischen Bedarf des Kunden ausrichten zu können. Eine zweite Folge ist die Zurückstellung des Alltagsgeschäfts.

Lernprozesse

Jedes Lernen in Organisationen basiert in erster Linie auf den Lernprozessen, die der einzelne Mitarbeiter erfolgreich durchlaufen hat. Auch das Erkennen und Akzeptieren der angesprochenen Werte der Unternehmenskultur sowie die Umsetzung von Reorganisationen hängen davon ab, ob der Mitarbeiter das Gemeinte

- hört
- versteht
- akzeptiert
- tut
- (bei-)behält

Jede dieser Stufen muss überwunden werden, wenn ein verändertes Verhalten praktiziert werden soll – der Mensch muss „lernen". Lernen von Menschen wird durch unterschiedliche Faktoren begünstigt oder gehemmt.

Faktoren des Lernens	
Lernfördernde Faktoren	**Lernhemmende Faktoren**
■ Erfolgserlebnis ■ Anerkennung ■ Betreuung und Unterstützung ■ didaktisch gutes Material ■ positive Umwelteinflüsse ■ ausreichend Zeit ■ finanzielle Anreize ■ höheres Ansehen ■ soziale Zuwendung ■ spannende Aufbereitung ■ Nutzung unterschiedlicher ■ Lernkanäle	■ starker Zeitdruck ■ Störungen ■ Über-/Unterforderung ■ fehlendes/schlechtes Material ■ mangelnde Unterstützung ■ Konflikte mit Kollegen ■ fehlende Anerkennung ■ Ängste ■ Konkurrenzdruck ■ externe Probleme ■ langweilige Darbietung

Da sowohl die hemmende wie auch fördernde Wirkung der aufgeführten Faktoren nachgewiesen ist, ist die einfache aber unumgängliche Konsequenz aus dieser Kenntnis, dass jeder, der sich mit der Beeinflussung und der Veränderung von Unternehmen, Unternehmensbereichen oder Aufgaben beschäftigt, diese Faktoren durch geeignete Maßnahmen nutzen oder vermeiden sollte. Eine wesentliche Rolle spielt dabei der Ablauf der Informationsverarbeitung beim Menschen.

5. Mit Erfolgsintelligenz zu einem erfolgreichen Projektabschluss

„Worte gibt es im Überfluss, doch Taten haben Seltenheitswert." (L. Walesa)

Um heute erfolgreich zu sein, braucht es mehr als die reine Fachkompetenz. Fachliches Wissen ist das Fundament für eine erfolgreiche Arbeit. Die Methodenkompetenz, die häufig erworben wird, gibt den Fachleuten die Möglichkeit, leichter Gruppengespräche, Besprechungen, Meetings zu leiten, zu strukturieren und zu dokumentieren. Dies ist ohne eine entsprechende persönliche Kompetenz noch immer nicht ausreichend, um wirklich erfolgreich zu sein. Viele Fachleute wundern sich darüber, dass ihre Resonanz nicht so stark ist, wie sie sich das wünschen. Bei kritischem Hinschauen entdecken sie, dass die soziale, kommunikative Komponente häufig noch nicht so entwickelt ist.

Um Projekte erfolgreich durchzuführen, wird Erfolgsintelligenz benötigt. Erfolgsintelligente Menschen verfügen über acht Fähigkeiten, die sie so effektiv machen.

1. Neugier und Innovationsfreude

   Erfolgsintelligente Menschen sind innovationshungrig, sie sind Ausprobierer, sie begrenzen ihren Geist nicht durch Denkblockaden.

2. Verantwortungsbewusstsein

   Das heißt, sie verfügen über eine starke Selbstverantwortung, die sich in allen Lebensbereichen deutlich zeigt. Sie sind in der Lage, sich und andere zu motivieren.

3. Begeisterungsfähigkeit und Motivation

   Sie sind in der Lage, ihren „hot bottom" jederzeit zu drücken, den Auslöseknopf, um schwierige Motivationslagen zu überbrücken, indem sie sich innerlich selbstständig wieder aufrichten können. Sie können auch Kollegen, Mitarbeiter in den Projektteams begeistern. Wirkliche Motivation entsteht nur durch Begeisterung.

4. Kommunikationsprofis

   Erfolgsintelligente Menschen sind Meister der Kommunikation. Sie sind in der Lage, Informationen sinnvoll zu geben und anzunehmen, d. h. das Richtige herauszufiltern, so dass sie zielorientiert ihre Aufgaben bewältigen können.

5. Ressourcenbewusstsein

   Des Weiteren verfügen erfolgsintelligente Menschen über ein ausgeprägtes Ressourcenbewusstsein. Diese Menschen lösen nicht jedes Problem zu jeden Kosten, sondern sie fragen: „Ist das Problem in einem bestimmten Kostenrahmen lösbar?" Denn die meisten Probleme sind lösbar, aber häufig wird nicht nach den Kosten für die Problemlösung gefragt.

6. Kosten/Nutzen-Gefühl

   Diese Menschen haben ein ausgeprägtes Kosten/Nutzen-Gefühl und sie sind auch Spezialisten in der Verbesserung ihrer Arbeitsabläufe. Sie sind, wir nennen es „pfiffiger", „smarter". Sie sind daran interessiert, Abkürzungen im Alltag zu finden, um mit weniger Energie Gleiches oder Mehr zu schaffen.

7. Flexibilität

   Sie sind auch Meister der Flexibilität. Ob es eine Flexibilität bezüglich der Arbeitszeit ist, auf die Einsatzorte oder auf die Arbeitsabläufe. Sie begrüßen Veränderungen und freuen sich daran, den Herausforderungen entgegentreten zu dürfen.

8. Umfeldorientierung

   Sie sind wahre Künstler in der Umfeldorientierung. Sie schauen bewusst über den Tellerrand hinweg und betrachten Kollegen, Mitarbeiter und Vorgesetzte unter der Kundenperspektive. Sie sind Menschen, die sich nicht nur für die externe Kundenbeziehung interessieren, sondern sich auch auf interne Kunden- und Lieferantenbeziehungen einlassen können und somit den Gesamtnutzen der Organisation steigern.

Diese acht Faktoren, wenn sie mit einer starken Ausprägung vorkommen, sind dem „Intrapreneur", dem „Mitunternehmer", zu Eigen, der mehr Verantwortung übernimmt, eine größere Einbindung wünscht und sich als Teil des Ganzen fühlt.

6. Literaturhinweise

[1] *Antes, Wolfgang:* Projektarbeit für Profis. Planung, Marketing, Finanzierung, Teamarbeit, Münster 1997

[2] *Birker, Klaus:* Projektmanagement. Praktische Betriebswirtschaft, Berlin 1995

[3] *Boy, Jaques:* Projektmanagement. Grundlage, Methoden und Techniken, Zusammenhänge, Offenbach 1995

[4] *Boy, Jacques:* Checklisten Projektmanagement. Ein Wegweiser zur Vorbereitung und Durchführung von Projekten, Köln 1997

[5] *Eckardt, Thomas:* Persönlichkeits-Management für Führungskräfte, in: Der Karriereberater, Erfolg in Leben und Beruf, 5/98

[6] *Hans Karnovsky:* EDV-Werkzeuge für das Projektmanagement. Ein methodischer Leitfaden zum Einsatz von Standard-Software in der Projektarbeit, Renningen-Malmsheim 1996

[7] *Matzer, Michael:* QuickStart MS Project 4.0 für Windows. Der Einstieg in 20 Schritten, Düsseldorf 1995

[8] *Nagel, Kurt:* „Fallstricke im Projektmanagement“ Praktische Unternehmensführung, Analysen-Instrumente-Methoden, 8/98

[9] *Schelle, Heinz:* Projekte erfolgreich managen, Köln 1994

[10] *Schelle, Heinz:* Projekte zum Erfolg führen. Beck-Wirtschaftsberater, München 1996

[12] *Wolf, Max L. J.:* Projektmanagement live. Prozesse in Projekten durch Teams gestalten, Renningen-Malmsheim 1997

Wissensmanagement als Führungsaufgabe

5

Matthias Freitag

1. Wissensmanagement: Ein Erfolgstrend

Wir befinden uns in einer Wissens- und Informationsgesellschaft. So sind 90 Prozent der wissenschaftlichen und technischen Informationen im 20. Jahrhundert erzeugt worden [15]. In einem Jahr werden nach Schätzungen ca. sechs Milliarden wissenschaftliche Veröffentlichungen publiziert [22]. Wissen als „vierter Produktionsfaktor" [24] ersetzt zunehmend Energie und Rohstoffe, aber auch Arbeit und Kapital. Deutsche und internationale Studien belegen, dass Manager den Anteil des Produktionsfaktors Wissen an der Wertschöpfung mit mehr als 50 Prozent bewerten [5], in wissensintensiven Branchen, wie beispielsweise der Halbleiter-, Softwareindustrie, Unternehmensberatung und Bildung, werden gar 70 Prozent veranschlagt.

Obwohl Wissen im globalen Standortwettbewerb die wesentliche Erfolgsvoraussetzung darstellt, wird das Potenzial „Wissen" in vielen Fällen noch nicht effizient genutzt, Unternehmen „wissen nicht, was sie wissen" [8]. Schätzungen von Wörner et al. [28] zeigen, dass ein effizienter Umgang mit der Ressource Wissen die Produktivität im Durchschnitt um 30 Prozent erhöhen könnte. In der Untersuchung von Bullinger und Prieto [5] schätzen nur 23 Prozent der befragten Unternehmen den Wissenstransfer als gut oder sehr gut ein, die Unzufriedenheit ist besonders in kleinen und mittleren Unternehmen stark ausgeprägt.

In Theorie und Praxis wurde in den letzten Jahren der gezielte Umgang (Management) mit Wissen im Anschluss an die Diskussion um das organisationale Lernen verstärkt thematisiert. Dies zeigen die Flut von Publikationen zum Thema Wissensmanagement, die Werbebroschüren der Softwarehäuser, aber auch vielfach die Unternehmenspraxis.

So gibt es Unternehmen, die neben der herkömmlichen Bilanz eine „Wissensbilanz" erstellen (zum Beispiel SKANDIA erstmalig 1993, vgl. [19]), es werden technische Informationssysteme zum unternehmensweiten Wissensmanagement installiert oder „Wissensmanager" und „Wissenscontroller" benannt. 80 Prozent der befragten Unternehmen aus der Investitionsgüterindustrie einer internationalen Kienbaum-Studie setzten sich mit Wissensmanagement auseinander [13], 20 Prozent haben Anstrengungen unternommen, Wissensmanagement als Gesamtsystem einzuführen. Nach einer Studie des Internationalen Instituts für lernende Organisation und Innovation [12] äußerten 86 Prozent der befragten Unternehmen Bedarf am Wissensmanagement.

Trotz der ausgeprägten Unzufriedenheit mit dem Wissenstransfer in kleinen und mittleren Unternehmen (KMU) konzentriert sich die Diskussion um Wissensmanagement allerdings meist auf große Unternehmen, obwohl, wie eine Studie des Informationszentrums Benchmarking des Fraunhofer Instituts Produktionsanlagen und Konstruktionstechnik Berlin zeigt, Methoden des Wissensmanagements sich auch für KMU eignen [11]. Wissensmanagement in kleinen Unternehmen und unternehmensübergreifendes Wissensmanagement in kooperativen Netzwerken kleiner und mittlerer Unternehmen wurden bisher aber nur vereinzelt thematisiert [22/23], gewinnen aber gegenwärtig an Einfluss (zum Beispiel „Wissensinfrastrukturen für wissensintensive Dienstleistungen in verteilten Kooperationen" im Förderprogramm „Wissensintensive Dienstleistungen" des BMBF 2000).

2. Der „Rohstoff" Wissen

Das Verständnis des Begriffs „Wissen" ist in verschiedenen Wissenschaftsdisziplinen und selbst innerhalb dieser äußerst facettenreich [21]. Im Kontext der Betriebswirtschaftslehre liegt es nahe, den Ressourcencharakter von Wissen hervorzuheben. Wissen kann verstanden werden als die Gesamtheit der Kenntnisse und Fähigkeiten, die individuelle oder kollektive Subjekte zur Lösung von Problemen einsetzten. Dies umfasst sowohl theoretische Erkenntnisse als auch praktische Alltagsregeln und Handlungsanweisungen [21].

Wissen stützt sich auf Daten, die sich, in einen Kontext gestellt, zu Informationen wandeln, welche schließlich vernetzt zu Wissen werden.

Begriffshierarchie Zeichen-Daten-Informationen-Wissen

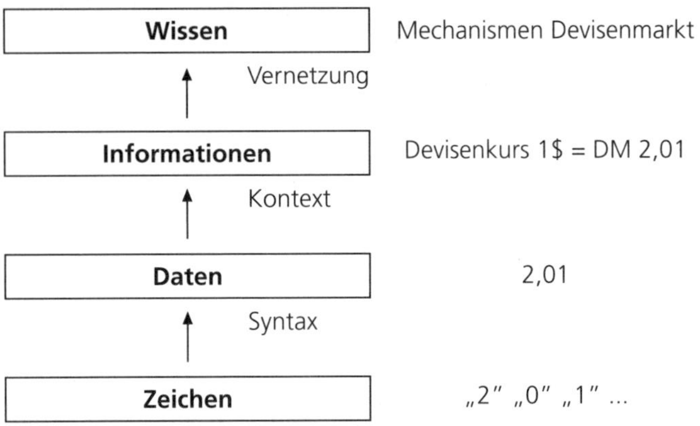

Quelle: Rehäuser, J./Krcmar, H.: Wissensmanagement in Unternehmen, in: Managementforschung 6/96

Die Vernetzung der Informationen geschieht durch individuelle oder kollektive Subjekte und ist deshalb, im Gegensatz zu Daten oder Informationen, stets an diese gebunden – Wissen ist kontextabhängig, es „gehört jemandem" und ist von diesem Träger schwer ablösbar. Die individuellen und kollektiven Wissensbestände einer Organisation ergeben, zusammen mit den zugrunde liegenden Daten und Informationen, deren organisatorische Wissensbasis.

Wissensarten

Bezieht sich Wissen auf bestimmte Teilaspekte der Realität, so bezeichnet man es als Domänenwissen. Dabei handelt es sich entweder um deklaratives Wissen, Wissen über Begriffe, Objekte, Relationen (wissen, dass ...) oder um prozedurales Wissen, welches handlungsleitend im Sinne von „wissen, wie ..." angewandt wird.

Prozedurales Wissen, das nicht an bestimmte Wissensdomänen gebunden ist, sondern unterschiedlich eingesetzt werden kann, nennt man strategisches oder heuristisches Wissen („immer wenn … dann …").

Metakognitives Wissen ist das Wissen eines Subjekts über sein Wissen („ich weiß, dass ich nichts weiß").

Wissen, und vor allem prozedurales und heuristisches Wissen, ist in vielen Fällen schwer zu kommunizieren. In diesem Fall spricht man von „tacit knowledge" (implizites, stilles oder verborgenes Wissen), welches nur schwer kodifizierbar ist, im Gegensatz zu „explicit knowledge", dem kodifizierbaren Wissen [18]. Nonaka [16] vermutet, dass es sich bei einem Großteil des praktisch-technischen und organisatorischen Wissens um „stilles Wissen" handelt.

3. Der gezielte Umgang mit Wissen

„Ziel des Wissensmanagements ist es, das im Unternehmen vorhandene Potenzial an Wissen derart aufeinander abzustimmen, dass ein integriertes unternehmensweites Wissenssystem entsteht, welches eine effiziente gesamtunternehmerische Wissensverarbeitung im Sinne der Unternehmensziele gewährleistet. Dazu bedarf es vor allem der Gestaltung des gesamten Wissens des Unternehmens unter gleichberechtigtem Einsatz natürlicher wie künstlicher Ressourcen zur Wissensverwaltung und -verarbeitung", so Albrecht [1].

Albrecht sieht in erster Linie die Unternehmensführung verantwortlich für das Wissensmanagement. Er definiert drei Dimensionen der Gestaltung: Wissensressourcen-Management (Management des unternehmensweiten Wissenspotenzials), Humanressourcen-Management (Management der personellen Prozesse) und Wissenstechnik-Management (Management der Hard- und Softwarestruktur des Unternehmens).

Nach dem Verständnis von Romhardt [21] bildet Wissensmanagement ein integriertes Interventionskonzept, das sich mit den Möglichkeiten zur Gestaltung, Lenkung und Entwicklung der organisatorischen Wissensbasis befasst. Wissen wird als zentrale Ressource gesehen, Wissensmanagement beschäftigt sich mit der Einflussnahme auf diese Ressource und setzt bei organisationalen Lernprozessen an, die gestaltet werden können. Dazu werden Konzepte und Methoden entwickelt und den Führungskräften Instrumente zur Verfügung gestellt. Die einzelnen Bausteine des Wissensmanagements sind in der folgenden Abbildung dargestellt.

Wichtig: Diese Definition basiert auf dem Managementverständnis der St. Gallener Schule, welches Systemorientierung, Mehrdimensionalität und Integriertheit von Interventionen fordert.

Bausteine des Wissensmanagements

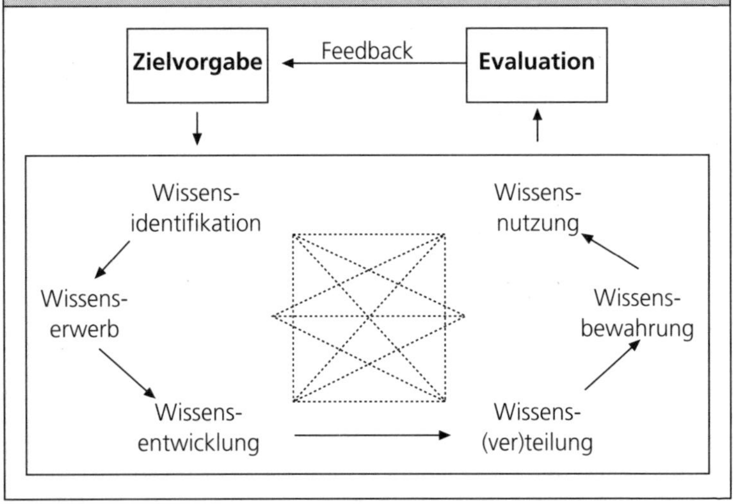

Quelle: Romhardt, K.: Die Organisation aus der Wissensperspektive, Wiesbaden 1998

Aufgabe von Führungskräften ist es, beim Wissensmanagement Daten, Informationen sowie individuelles und kollektives Wissen integriert zu betrachten [19]. Die Bausteine erleichtern dem Praktiker die Einordnung sowie das Verständnis der Prozesse und unterstützen die Auswahl von Instrumenten. Der Umgang mit der Ressource Wissen kann mit ihrer Hilfe in handhabbare Maßnahmenpakete heruntergebrochen werden, so Bullinger et al. [6].

Notwendig: Ganzheitliche Gestaltung des Wissensmanagement

Die integrative Sichtweise wird auch von Willke [26] betont. Wissensmanagement meint die Gesamtheit organisationaler Strategien zur Schaffung einer „intelligenten" Organisation, also einer Organisation, die sich durch Wissen als wichtige Ressource auszeichnet, „lernfähig" und „innovationskompetent" ist.

Mit Blick auf die Personen geht es um das organisationsweite Niveau der Kompetenzen, Ausbildung und Lernfähigkeit der Mitglieder; bezüglich der Organisation als System steht die Schaffung, Nutzung und Entwicklung der kollektiven Intelligenz in Frage; und hinsichtlich der technologischen Infrastruktur geht es vor allem darum, ob und wie effizient die Organisation eine zu ihrer Operationsweise kongeniale Kommunikations- und Informationsstruktur nutzt [26].

Informationstechniken allein genügen nicht

Auch Bullinger et al. [6] betonen, dass Wissensmanagement ganzheitlich gestaltet werden muss und benennen, ähnlich wie Albrecht [1], als wesentliche Elemente Informations- und Kommunikationstechnologien, Humanressourcen-Management und Unternehmensorganisation (vgl. Abbildung auf Seite 139). Versuche wie zu Beginn der 90er Jahre, durch die Einführung von informationstechnischer Vernetzung (E-Mail, Datenbanken) kombiniert mit wenigen organisatorischen Neuerungen das Wissensmanagement zu optimieren, sind nach Meinung dieser Autoren wenig erfolgversprechend. „Es sind Randbedingungen zu schaffen, die die Mitarbeiter im Unternehmen dazu veranlassen, ihr Wissen zu (ver-) teilen. Neben einer entsprechenden Unternehmenskultur ist vor allem die Entwicklung sowohl materieller als auch immaterieller Anreizsysteme ein entscheidender Faktor", so Bullinger et al. [6].

Diese Erkenntnis wird in vielen Aufsätzen geteilt, so zum Beispiel bei Kienbaum [14]: „Die bisherigen Erfahrungen zeigen, dass diese Projekte häufig scheitern, weil sie [...] den Mitarbeiter ausblenden. Der Schwerpunkt liegt fast immer auf dem Einrichten und/oder Vervollkommnen von Datenbanken und nicht auf motivationalen und verhaltensorientierten Aspekten. [...]. Ein großes Problem bei der Implementierung von Wissensmanagement liegt darin, dass Technik, Struktur und Mensch unabhängig voneinander und nicht annähernd gleichberechtigt angesprochen werden."

Die Erkenntnis, dass Mensch, Technik und Organisation gleichermaßen bei der Organisationsgestaltung berücksichtigt werden müssen, ist angesichts der über 40-jährigen Tradition der soziotechnischen Systemtheorie [9] nicht neu. Trotzdem zeigt die gegenwärtige Praxis, dass paradoxerweise bei der Implementierung von Wissensmanagementsystemen in vielen Fällen Technikorientierung dazu führt, das vorliegende Wissen um ganzheitliche Ansätze brachliegen zu lassen und die gleichen „alten Fehler" zu wiederholen. Gerade auch angesichts des tacit knowledge, des stillen Wissens, ist es verwunderlich, dass viele Wissensmanagementsysteme allein auf informationstechnische Lösungen aufbauen, die eine Kodifizierung voraussetzen.

In der Diskussion wird von vielen Autoren nicht berücksichtigt, dass die Einführung von Wissensmanagement als Sonderfall eines Organisationsentwicklungsprozesses verstanden werden kann, und damit die vorliegenden Erfahrungen mit Organisationsentwicklung nutzbar sind. Viele Empfehlungen wie etwa Mitarbeiter beteiligen, Promotoren und Widerstände identifizieren, Paradoxien produktiv nutzen [19] usw. sprechen für diese These.

Aktivitäten und Nutzen des Wissensmanagements

Aktivitäten des Wissensmanagements	Unternehmensinterne Effekte	Effekte auf Produkte und Dienstleistungen	Externe Effekte	
Mensch	Mitarbeiter kenntnisreich, motiviert	Besseres Verstehen der Kundenanforderungen	Höherer Nutzen der Produkte und Dienstleistungen	
Technik	Wiederverwendung guter, existierender Lösungen (Lessons learned)	Kundengerechte Produkte und Dienstleistungen	Erhöhte Kundenzufriedenheit	Profitabilität des Unternehmens
Organisation	Fehlerreduktion Kostensenkung	Erhöhung Qualität von Produkten und Dienstleistungen	Stärkere Nachfrage nach Produkten und Dienstleistungen	Wettbewerbsfähigkeit des Unternehmens
	Reduktion Entwicklungs- und Produktionszeiten	Schnellere Antwortzeiten und kürzere Lieferzeiten	Größerer Marktanteil	

Quelle: Romhardt, K.: Die Organisation aus der Wissensperspektive, Wiesbaden 1998 (siehe auch [6])

4. Die Aufgabe der Führungskraft

In den Ansätzen des vorherigen Kapitels wurde deutlich, dass bei der Einführung des Wissensmanagements menschliche, technische und organisationale Faktoren gleichermaßen berücksichtigt werden müssen. Es wurde die These aufgestellt, dass es sich bei der Einführung von Wissensmanagement um einen Fall von Organisationsentwicklung handelt und entsprechend zu fordern ist, dass

- Führungskräfte die Maßnahme tragen,
- Mitarbeiter einbezogen und motiviert werden,
- Promotoren identifiziert werden,
- Widerstände/Barrieren erkannt und abgebaut werden,
- Mensch, Technik und Organisation in ihrer Interaktion betrachtet werden usw. (vgl. [14]).

Beispiele der Organisationsentwicklung mit Instrumentarien der „lernenden Organisation", die auch im Kontext Wissensmanagement verwendet werden können, finden sich bei Gappmaier/Heinrich [10].

Die enge Verzahnung der Einführung von Informations- und Kommunikationstechnologien mit organisationalen und humanen Entwicklungsmaßnahmen ist kennzeichnend für die Implementierung von Wissensmanagement. Es bietet sich an, bei der Arbeitsgestaltung (Mensch-Technik-Interaktion) auf Instrumentarien und Vorgehensweisen aufzubauen, die sich bei der soziotechnischen Systemgestaltung als tragfähig erwiesen haben [7].

Wie Wissensmanagement implementieren?

Wissen und der Umgang mit Wissen ist in allen Unternehmen und bei allen Führungskräften vorhanden, nur eben mehr oder weniger systematisch und effizient. Probst et al. [19] empfehlen zwölf Startpunkte für die Behandlung des Themas Wissensmanagement, die in der folgenden Liste aufgeführt sind.

Startpunkte des Wissensmanagements

1. Testen Sie Ihre Organisation, Ihre Abteilung oder sich selbst mit den Bausteinen des Wissensmanagements.
2. Wissen ist der Rohstoff der Zukunft – Versuchen Sie, ihn besser zu verstehen und für sich zu nutzen.
3. Lassen Sie sich auf Widersprüche ein und sehen Sie Ihre Organisation mit anderen Augen.
4. Orientieren Sie sich in Ihrem persönlichen Wissensumfeld neu.
5. Pflegen Sie Ihr eigenes Kompetenzportfolio.
6. Finden Sie Gleichgesinnte innerhalb und außerhalb Ihres Unternehmens.
7. Nutzen Sie bestehende Wissenssysteme und Informationsinfrastrukturen.
8. Entwickeln Sie eine Wissenssprache.
9. Wissensmanagement braucht Wissensmanager. Stellen Sie ein oder ab.
10. Sichern Sie sich für Projekte des Wissensmanagements die Unterstützung des Top-Managements. Sie werden schnell merken, wie hochpolitisch Wissensmanagement sein kann.
11. Verankern Sie Wissensmanagement in den Organisationsstrukturen.
12. Nutzen Sie die Revolution in der Kommunikationstechnologie. Sie treibt weltweit den Umbau in die Wissensgesellschaft.

Quelle: Probst, G. u. a.: Wissen managen, Frankfurt am Main 1997

Pauschale Empfehlungen wie beispielsweise „Transparenter!“, „Mehr Kommunikation!“ oder „Kreativer!“ berücksichtigen, so Romhardt [21], nur einen Aspekt der Interventionsrichtung und sind wenig hilfreich, denn eine transparente Wissensbasis kann beispielsweise zum Wissensabfluss zur Konkurrenz führen, je mehr Wissen geteilt wird, desto weniger Zeit verbleibt, es anzuwenden.

Ein adäquates Wissensmanagement muss deshalb systemisch ausgerichtet sein und als Einstieg die Stärken und Schwächen des gegenwärtigen Umgangs mit Wissen im Unternehmen berücksichtigen. Erste Anhaltspunkte können sich aus Leitfragen ergeben, von denen einige exemplarisch in der folgenden Liste wiedergegeben sind. Die Ergebnisse müssen dazu in einem Wissensprofil festgehalten werden (zu einem ausführlichen Fragenkatalog vgl. [21]).

Leitfragen für Führungskräfte

- Wissensziele – Wie gebe ich meinen Lernanstrengungen eine Richtung
- Wissensbewertung – Wie messe ich den Erfolg meiner Lernprozesse
- Wissensidentifikation – Wie schaffe ich mir intern und extern Transparenz über vorhandenes Wissen
- Wissenserwerb – Welche Fähigkeiten kaufe ich mir von wem extern ein
- Wissensentwicklung – Wie baue ich neues Wissen auf
- Wissens(ver)teilung – Wie bringe ich das Wissen an den richtigen Ort
- Wissensnutzung – Wie stelle ich die Anwendung sicher
- Wissensbewahrung – Wie schütze ich mich vor Wissensverlusten

Quelle: Probst, G. u. a.: Wissen managen, Frankfurt am Main 1997

Das Knowledge Management Assessment Tool

Die Visualisierung der Wissenslandschaft des eigenen Unternehmens unterstützt Führungskräfte dabei, die eigene Kultur im Umgang mit Wissen zu verstehen. Das Knowledge Management Assessment Tool, entwickelt von Arthur Andersen in Kooperation mit dem American Productivity & Quality Center, ist gerade für Führungskräfte geeignet, eine ganzheitliche Sicht auf den Stand des eigenen Wissensmanagements zu erreichen. Anhand eines Fragebogens werden die Dimensionen Führung, Kultur, Messung, Technologie und Lernverhalten bewertet und können in einem Benchmarking-Prozess mit Werten anderer Unternehmen verglichen werden [19].

Knowledge Management Tool nach Andersen

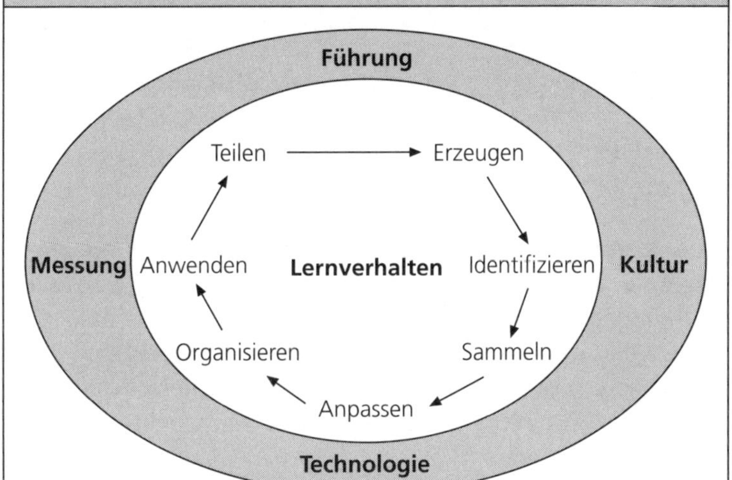

Quelle: Probst, G. u. a.: Wissen managen, Frankfurt am Main 1997

Fragebogen zur Wissenslandschaft (Beispiele)

Lernverhalten

Systematische Identifikation von Wissenslücken, Maßnahmen zur Schließung? Intelligente Wissenssammlungsmechanismen? Beteiligung der Mitarbeiter am Ideenentwicklungsprozess? Formalisierung des Transfers best-practice/lessons-learned? Tacit knowledge wird bewertet und verteilt?

Führung

Einstellung, Beurteilung und Entlohnung in Abhängigkeit vom Beitrag zu Wissensentwicklung? Wissensmanagement zentrales Strategiethema? Verständnis für Umsatzpotenzial der eigenen Wissensressourcen? Lernen zur Unterstützung existierender Kernkompetenzen und Aufbau neuer?

Kultur

Ermutigung und Erleichterung der Wissensteilung? Klima der Offenheit und des Vertrauens? Kundennutzen – Hauptziel von Wissensmanagement?

Technologie

Technologie verbindet alle Mitglieder der Unternehmung und die relevante externe Umwelt? Sie bildet ein organisationales Gedächtnis, das der gesamten Organisation zugänglich ist? Sie bringt die Organisation näher an die Kunden? Die Organisation unterstützt die Entwicklung von human-zentrierten Informationstechnologien? Die Informationssysteme sind permanent aktualisiert, integriert und „smart"?

Messung

Verbindung von Wissensmanagement und Finanzergebnis? Entwicklung spezieller Wissensindikatoren? Balance zwischen weichen, harten, finanziellen und nicht finanziellen Größen? Ressourcen werden Bereichen zugewiesen, die die Wissensbasis messbar erhöhen? [19]

Zu den einzelnen Bausteinen des Wissensmanagements können für verschiedene Ziele Interventionsinstrumente herangezogen werden, die nicht in jedem Fall nur spezifisch für Wissensmanagement genutzt werden. Beispiele solcher Instrumente sind im Folgenden benannt.

Beispiele für Interventionsinstrumente	
Wissensziele	Management by knowledge objectives [21] Wissensleitbild [21] Aktivierendes Ideen-Management – AIM [27]
Wissensbewertung	Balanced Scorecard [21] Mehrdimensionale Wissensmessung [21]
Wissensidentifikation	Wissenskarten [21]/Wissenslandkarten „yellow map" [27] Wissensbroker/Transparentschaffer [21] Innovations-Potenzial-Analyse – IPA [27] Management by wandering around [27]
Wissenserwerb	Akquisition von knowledge companies [21] Beratungseinkauf [21] Kritische-Erfolgsfaktoren-Analyse KEF [27]
Wissensentwicklung	Lernarenen [21] Kompetenzzentren [21] Ideenwerkstatt [27] Lernnetzwerke [27]
Wissens(ver)teilung	„Sempai-kohai" [21]/mentoring [27] Spacemanagement [21] Job-Rotation [27] Wandernde Schnittstellen/wandernde Teams [27]
Wissensnutzung	Nutzungsgerechte Gestaltung von Dokumenten [21] Data Mining [21]
Wissensbewahrung	Lessons Learned [21] Elektronisches Gedächtnis [21]

Quellen: Romhardt, K.: Die Organisation aus der Wissensperspektive, Wiesbaden 1998 und WIPER: Das WIPER Projekt zum strategischen Wissens- und Personalmanagement, Frankfurt am Main 2000

Erfahrungen mit Methoden des Wissensmanagements werden beispielsweise von Preissler et al. [17] diskutiert.

Für die technische Unterstützung und Umsetzung von Wissensmanagement werden in den meisten Fällen Werkzeuge der Informations- und Kommunikationstechnologien herangezogen, die auf Internet-Techniken, insbesondere der Vernetzung auf Basis des TCP/IP-Protokolls sowie die Nutzung der Browsertechnik, beruhen [4]. Diese werden unternehmensintern in Form des Intranets genutzt, einem „Paket aus Verzeichnisdiensten, Sicherheitsmechanismen, Datei-, Druck- und Web-Diensten, Management- und Messaging-Funktionen sowie zentralen Zugriffs-Mechanismen. Die Basis des Intranet sind zentral installierte und gespeicherte Applikationen und Informationen" [25]. Unternehmensextern wird daran ein Extranet angebunden, welches externe Handelspartner, Lieferanten und Kunden in die interne informationstechnische Infrastruktur eines Unternehmens einbezieht.

Informationstechnische (IT) Komponenten des technischen Wissensmanagementsystems sind beispielsweise Groupware-Anwendungen (Kommunikation; Workflow Management; Workgroup Computing), Data Warehouses, Data Repositories mit den zugehörigen Tools (zum Beispiel Management Information Systems; Customer Relation Management Systems; Decision Support Systems; Reporting Systems; Data-Mining Systems; Business-Support Systems).

Auch bezüglich dieser Tools sind die Führungskräfte gefordert. Die Anwendung setzt voraus, dass Stabsstellen zur Pflege und zur Verwaltung der Zugriffsrechte eingerichtet und mit kompetenten Mitarbeitern besetzt werden, Organisations- und Arbeitsstrukturen müssen die Anwendung oder Erweiterung der solchermaßen verfügbaren Daten seitens der Mitarbeiter zum Beispiel durch Anreizsysteme fördern, und schließlich müssen die Mitarbeiter überhaupt über die Qualifikationen verfügen, die IT-Tools effizient zu nutzen.

5. Literaturhinweise

[1] *Albrecht, Frank:* Strategisches Management der Unternehmensressource Wissen: Inhaltliche Ansatzpunkte und Überlegungen zu einem konzeptionellen Gestaltungsrahmen, Frankfurt 1993

[2] *Antoni, Conny H./Sommerlatte, Tom:* Report Wissensmanagement. Wie deutsche Firmen ihr Wissen profitabel machen, Düsseldorf 1999

[3] *Bundesministerium für Bildung und Forschung:* Bekanntmachung über die Förderung von Forschungsvorhaben auf dem Gebiet „Wissensintensive Dienstleistungen" 14.01.2000, Berlin 2000 (www.dl2000.de)

[4] *Böhmann, Tilo/Krcmar, Helmut:* Werkzeuge für das Wissensmanagement, in: Antoni, Conny H./Sommerlatte, Tom: Report Wissensmanagement. Wie deutsche Firmen ihr Wissen profitabel machen, Düsseldorf 1999

[5] *Bullinger, Hans-Jörg/Prieto, Juan u. a.:* Wissensmanagement: Paradigma des intelligenten Wachstums – Ergebnisse einer Unternehmensstudie in Deutschland, in: Pawlowsky, Peter (Hrsg.): Wissensmanagement. Erfahrungen und Perspektiven, Wiesbaden 1998

[6] *Bullinger, Hans-Jörg u. a.:* Wissensmanagement – Modelle und Strategien für die Praxis, in: Bürgel, Hans Dietmar (Hrsg.): Wissensmanagement. Schritte zum intelligenten Unternehmen, Berlin 1997

[7] *Coakes, Elayne u. a.:* The New Sociotech, Berlin 2000

[8] *Davenport, Thomas H./Prusak, Laurence:* Wenn Ihr Unternehmen wüßte, was es alles weiß … Das Praxishandbuch zum Wissensmanagement, Landsberg am Lech 1998

[9] *Emery, F. E./Trist, E. L.:* Socio-technical systems, in: Emery, F. E. (Hrsg.), Systems Thinking, Harmondsworth 1960

[10] *Gappmeier, Markus/Heinrich, Lutz J.:* Geschäftsprozesse mit menschlichem Antlitz. Methoden des organisationalen Lernens anwenden. Schriftenreihe Wissens- und Prozessmanagement Band 1, Linz 1998

[11] *Heisig, P.:* Die strategischen Aufgaben der Geschäftsleitung. Die ersten Schritte zum professionellen Wissensmanagement, in: Antoni, Conny H.; Sommerlatte, Tom: Report Wissensmanagement. Wie deutsche Firmen ihr Wissen profitabel machen, Düsseldorf 1999

[12] *Internationales Institut für Lernende Organisation und Innovation:* Knowledge Management: Ein empirisch gestützter Leitfaden zum Management des Produktionsfaktors Wissen, München 1997

[13] *Kienbaum Management Consultants GmbH:* Wissen wird zum Erfolgsfaktor, Düsseldorf 1999 (www.kienbaum.de/de/aktuell/facts/knowledge.htm)

[14] *Kienbaum Management Consultants GmbH:* Im Fokus steht der Mensch, Düsseldorf 1999 (www.kienbaum.de/de/aktuell/themen/home.htm)

[15] *Kreibich, Rolf:* Die Wissenschaftsgesellschaft, Frankfurt am Main 1986

[16] *Nonaka, I.:* The Knowledge-Creating Company, in: Harvard Business Review, 69/6, 1991

[17] *Preissler, Harald u. a.:* Haken, Helm und Seil: Erfahrungen mit Instrumenten des Wissensmanagements, in: Organisationsentwicklung, 2, 1997

[18] *Polanyi, Michael:* The tacit dimension, New York 1967

[19] *Probst, Gilbert u. a.:* Wissen managen. Wie Unternehmen ihre wertvollste Ressource optimal nutzen, Frankfurt am Main 1997

[20] *Rehäuser, J./Krcmar, H.:* Wissensmanagement im Unternehmen, in: Schreyögg, Georg/Conrad, Peter: Wissensmanagement. Managementforschung, 6/1 1996

[21] *Romhardt, Kai:* Die Organisation aus der Wissensperspektive, Wiesbaden 1998

[22] *Scheff, J.:* Kooperationen im Wissensmanagement als Wertschöpfungsstrategie für kleine und mittlere Unternehmen, in: Gutschelhofer, Alfred/Scheff, Josef (Hrsg.): Mitarbeiter-Know-how. Überlebensstrategie in einer globalen Wirtschaft. Impulse aus Theorie und Praxis, Wien 1997

[23] *Schöne, Roland u. a.:* Wissensmanagement in KMU-Netzwerken – das Beispiel AMTEC, in: Gersten, Klaus (Hrsg.): Arbeit und Technik in den neuen Bundesländern, Bremerhaven 1999

[24] *Stewart, Thomas A.:* Der vierte Produktionsfaktor. Wachstum und Wettbewerbsvorteile durch Wissensmanagement, München 1998

[25] *Weißbach, Hans-Jürgen/Weißbach Rüdiger:* Intranets – ein neues Konzept organisationaler Informationsverarbeitung, Hannover 1998

[26] *Willke, Helmut:* Systemisches Wissensmanagement, Stuttgart 1998

[27] *WIPER:* Das WIPER Projekt zum strategischen Wissens- und Personalmanagement, Frankfurt am Main 2000 (www.wiper.de)

[28] *Wörner, Kai/Prieto, Juan:* Wissensmanagement für mittelständische Unternehmen, in: Industrieanzeiger, 20, 1997

Qualitätsmanagement von Führungskräften in sozialen Organisationen

6

Rainer Haase

1. Unentbehrlich: Qualitätsmanagement für soziale Dienstleistungen

Die Quadratur des Kreises ...?

Qualität

Preise

Mutet das nicht an wie der etwas zynische Versuch, Selbstverständnis, Ziele, Verfahren und Methoden der Produktion von metallic-lack-blitzenden Autos mit üppiger Sonderausstattung auf die alltägliche Kargheit der sozialen Dienstleistungen für Bürgerinnen und Bürger zu übertragen, um damit die sozialen Probleme unserer Gesellschaft hinter einem modernistischen Wortgeklingel zu verbergen?

Ich meine nein, wenn wahrgenommen wird, dass sich, schneller und massiver als noch vor wenigen Jahren geglaubt, weit reichende Erwartungsveränderungen aus der „Organisationsumwelt" auf öffentliche, freie und gewerbliche soziale Dienstleister zukommen, die – gewünscht oder nicht – einen Veränderungsschub bewirken werden.

Die wichtigsten neuen Anforderungen und die darauf reagierenden Entwicklungen lassen sich in fünf Feldern beschreiben:

Das kommt auf die Organisationen sozialer Dienstleistung zu		
neue Serviceerwartungen	→	Dienstleistungsorientierung
Verhalten von KlientInnen als Kunden	→	Verstärkung des „customer focus", Kundenorientierung
marktförmige Angebotsstrukturen	→	Konkurrenzstrategien, Marktorientierung
schneller Wandel der Bedarfe und Bedürfnisse	→	Flexibilität in der Leistungserbringung, qualifizierte und beschleunigte Adaption an sich schnell verändernde „Dienstleistungsmärkte"
Einschränkung der finanziellen Mittel	→	betriebswirtschaftliche Qualifizierung des Leistungsoutputs

Die notwendige Weiterentwicklung sozialer Dienstleister ist nur als Auftrag zu einer kontinuierlichen Organisationsentwicklung zu verstehen, in deren Zentrum Aufbau und Einführung eines umfassenden Qualitätsmanagements steht. Management kann in diesem Sinne nur als Qualitätsmanagement verstanden werden, in dessen Mittelpunkt

- das Ziel der Effektivität sozialer und gesundheitlicher Dienstleistungen im Sinne der Wirksamkeit, des Outcomes, und untrennbar damit verbunden
- das Ziel der Effizienz dieser Dienstleistungen im Sinne der Minimierung von Aufwand bei Maximierung des Ergebnisses, des Outputs, stehen.

Ziele präzisieren

Der „Managementkreislauf" kann nur in Gang gesetzt werden durch die Präzisierung der Ziele, die mit dem Angebot und der Erstellung sozialer Dienstleistungsprodukte erreicht werden sollen. Und nur so gelingt Führungskräften auch die Steuerung von Dienstleistungsbetrieben im Sinne eines Qualitätsmanagements. Effektivität und Effizienz in der sozialen und gesundheitlichen Arbeit können nur dann von sozialen Dienstleistungsbetrieben erbracht werden, wenn der vollständige „Managementkreis", Ziele setzen – Planen – Entscheiden – Realisieren – Kontrollieren, ständig handlungsleitend für die Erfüllung von Führungsaufgaben ist.

Das heißt: In den Organisationen des sozialen und gesundheitlichen Dienstleistungsbereiches sollte eine Zieldiskussion intensiviert werden, die „Outcome" und „Output" enger miteinander verknüpft und damit die Definition von Standards der Ergebnis- und Prozessqualität sozialer und gesundheitlicher Dienstleistung nicht mehr länger allein den zweifelsohne aus anderen Gründen interessierten Nicht-Fachleuten aus den Kämmereien und Zuschussbehörden überlässt.

Die Schärfe der Kontroverse in sozialen Dienstleistungsbereichen, ob es denn zulässig und möglich sei, mit Begriffen und Instrumenten des Profit-Sektors zu operieren und ob Effektivität und Effizienz für Sozialarbeit überhaupt gültige Kriterien sein können, erklärt sich nach meiner Ansicht aus dem einen oder anderen nachvollziehbaren Interesse der Beibehaltung von Intransparenz und vor allem aus einer weitgehenden Unschärfe und Undifferenziertheit des Qualitätsbegriffes.

Nicht Qualität an sich ist für soziale Dienstleistungen schwerer zu definieren und zum Ausgangspunkt für Effektivitäts- und Effizienzoptimierung zu machen, sondern nur bestimmte Aspekte von Qualität: allen voran die Ergebnisqualität sozialer Dienste, weil diese Qualität

- durchgängig von der Kooperation der KlientInnen/NutzerInnen abhängig ist;
- gleichzeitig und nicht erst am Ende des Dienstleistungsprozesses entsteht; denn – auch aus Sicht des „Dienstleistungskunden" – ist bereits der Kontakt, der Prozess der Hilfe, der Beratung oder Behandlung gleichzeitig das gewünschte Ergebnis;
- gerade dann nicht mehr betrachtet werden kann, wenn Dienstleistungen besonders erfolgreich waren, weil ja vielleicht die/der KlientIn nach Abschluss des Prozesses nie wieder Kontakt zu den Beratern hat;
- wie überall im „High-Touch-Bereich" sich als nachhaltige oder langfristige Wirkung einer begrenzten sozialen Dienstleistung nur schwer beweisen lässt.

Die Ergebnisse bestimmter sozialer Dienstleistungen sind also aus vielerlei Gründen „messtechnisch" oft nicht nachweisbar und entziehen sich mehr oder weniger einer Qualitätsmessung. Diese Schwierigkeit birgt aber auch bereits eine Lösungsperspektive für das Qualitätsmanagement in sich. Bei den Ergebnissen sozialer Dienstleistungsprozesse kann eine Konzentration auf die Standards erfolgen,

- die von den KlientInnen und Auftraggebern (= „Kunden") als wirklich bedeutsam angesehen werden und
- die auch mit vertretbarem Aufwand nachvollziehbar, beobachtbar oder messbar sind.

Doch Qualitätsmanagement bezieht sich auf alle Dimensionen von Qualität.

Qualität ist …
Eingangsqualität + Strukturqualität + Prozessqualität = Ergebnisqualität

Und so ist die Qualität der Prozesse und Strukturen sehr viel stärker als bisher üblich einem konsequenten Qualitätsmanagement zu unterziehen – und dem stehen weder systematische noch praktische Hindernisse entgegen, für die es nicht bereits organisatorische und/oder technische Lösungen des Qualitätsmanagements in anderen Branchen gäbe.

Die gleichen messtechnischen Schwierigkeiten wie bei der Ergebnisqualität gelten also nicht für die anderen Qualitätsaspekte, für die sehr wohl Qualitätsbestimmung, Standardfestlegung, Effektivitäts- und Effizienzbetrachtungen, Leistungsmessung und -kontrolle und Optimierungsprozesse möglich sind.

Effektivität und Effizienz sichern

Effektivität und Effizienz sind als Kriterien zur Bewertung der Qualität sozialer und gesundheitlicher Dienstleistungen in Non-Profitorganisationen, die Marktbedingungen unterworfen sind, unverzichtbar, auch wenn sie nicht allein über Marktfunktionen durchgesetzt werden können. Zur Sicherstellung von Effektivität und Effizienz ist professionelles Qualitätsmanagement in Non-Profitorganisationen gleichermaßen notwendig:

- für die Adressaten der Dienstleistung, die einen ethischen und juristischen Anspruch auf die bestmögliche soziale und gesundheitliche Dienstleistung und ihre Transparenz haben, wozu der „Outcome" dieser Dienstleistung optimiert werden muss
- zur Minimierung der notwendigen gesellschaftlichen Ressourcen, um ein Maximum an sozialer und gesundheitlicher Dienstleistung mit den zur Verfügung stehenden Mitteln zu erreichen
- für die Professionalisierung sozialer und gesundheitlicher Dienstleistungen, die sich in der Verbesserung von Effektivität weiterentwickeln

Die Aufgabe der nächsten Jahre für soziale und gesundheitliche Dienstleistungsbetriebe heißt daher:

- Definition und Beschreibung von Dienstleistungsprodukten für ihre „Kunden"
- Bestimmung der Ziele, der Ist-Qualität und Vereinbarung der Soll-Qualität
- Aufbau eines Qualitätsmanagements, das sich konsequent auf die stabile Erreichung der Soll-Qualität der sozialen und gesundheitlichen Dienstleistungen richtet
- Erbringung dieser Dienstleistungen zu Kosten, die einen erzielbaren Preis nicht überschreiten und die Möglichkeit zur fachlichen Weiterentwicklung der Dienstleistungsprodukte garantieren

Welchen Weg es dazu geben kann, soll im Folgenden beschrieben werden.

2. Dienstleistungsprodukte als Voraussetzung für Qualitätsmanagement

Wenn wir im Alltag von Produkten sprechen, meinen wir meist

- produzierte Gegenstände, die wir kaufen können
- Artikel eines Herstellers, die eine bestimmte Funktion erfüllen
- Dinge, die materiell/stofflich existieren, „begreifbar" und von uns nutzbar sind
- Dinge, deren Eigenschaften für eine bestimmte Zeitspanne stabil sind und sich nicht ohne Einwirken verändern
- Dinge, deren Wert oft durch einen bestimmten (Kauf-)Preis bestimmt wird

„Produkte von (sozialen) Dienstleistungsbetrieben" sind charakterisiert durch die Tatsache, dass …

- diese Produkte Bündel von Leistungen sind, die von einem Dienstleister angeboten und erbracht werden und deren Nutzen während und bis zum Ende einer Prozesskette an die Nutzer/Kunden übergehen, bzw. dass sie für einen möglichen Nutzer erkennbar/wahrnehmbar angeboten werden
- an solchen Dienstleistungsprodukten – wie bei allen Dienstleistungen – die Nutzer bereits in der Erstellung der Dienstleistung untrennbar als „Co-Produzenten" beteiligt sind
- sie aus mehreren Teilprodukten bestehen können, die in der Organisationseinheit/Einrichtung oder auch zum Teil von anderen Organisationseinheiten/Einrichtungen erstellt werden können
- diese Dienstleistungen als Einzelprodukt von anderen Einzelprodukten sinnvoll abgrenzbar und damit erkennbar und beschreibbar sind
- für diese Produkte die Erstellungskosten durch eine Kostenträgerrechnung ermittelt werden können

Praktisch bedeutet dies für die Erarbeitung/Beschreibung von Dienstleistungsprodukten, dass

- der Blickwinkel, aus dem ein Dienstleistungsprodukt beschrieben wird, viel stärker als bisher der Blickwinkel des „Kunden", des Abnehmers hin auf die „Schnittstelle" der Übergabe des Produktes (das Ergebnis) sein sollte und damit das Endergebnis der internen Leistungskette in den Vordergrund tritt
- zu vermerken ist, wenn ein Produkt der Organisationseinheit/der Einrichtung ein Zulieferungsprodukt für andere ist, die es weiterverarbeiten, bis es an einen Endabnehmer übergeht (zum Beispiel wäre eine Terminvereinbarung durch

ein Sekretariat eine Zulieferungsleistung für eine durchzuführende Beratung) und damit die Strukturierung nach Haupt- und Unterstützungsleitungen besser gelingt

- ebenso die Organisationsteile leichter nach Kerndienstleistern und internen Servicedienstleistern unterschieden werden können
- Produkte zunächst im Ist-Stand (in der Ist-Qualität) zu beschreiben sind, und nicht so, wie sie vielleicht einmal später im Soll-Zustand gewünscht sind
- Formulierungen möglichst eindeutig und knapp gewählt werden sollten; so dass die Unterscheidbarkeit der verschiedenen Produkte deutlich wird

Warum die Definition von sozialen Dienstleistungsprodukten implementieren?

Für Führungskräfte geht es darum, Outcome und Output, Effektivität und Effizienz zu initiieren und zu steuern. Dazu brauchen sie Steuerungseinheiten und Steuerungsgrößen. Dienstleistungsprodukte sind diese Steuerungseinheiten und Steuerungsgrößen, wenn sie nach Qualität und Quantität bestimmt sind.

Wozu „Dienstleistungsprodukte"
Dienstleistungen als „Produkte" gefasst und beschrieben erfüllen Funktionen als ▪ Austauscheinheit mit Kunden/Bürgern ▪ Leistungseinheit ▪ **Qualitätsmanagementeinheit** ▪ Steuerungseinheit ▪ Legitimations- und Leistungsnachweiseinheit ▪ Planungs- und Kalkulationseinheit

Die quantitative und qualitative Bestimmung von Dienstleistungsprodukten muss in den Dimensionen der Dienstleistungsbereitschaft, des Dienstleistungsprozesses und des Dienstleistungsergebnisses erfolgen.

Bestandteile der Dienstleistung

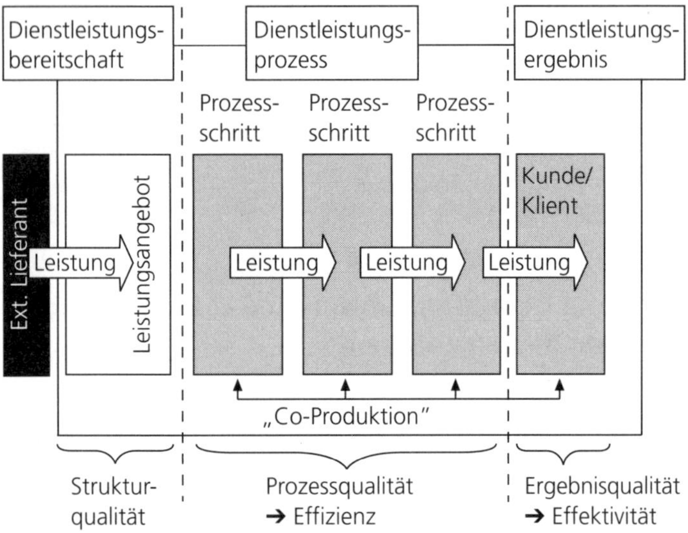

Die Bestimmung nach Qualität und Quantität ist durchaus als „sine-qua-non-Bestimmung" zu verstehen, das heißt, wenn dies nicht zutrifft, können sie auch keine Steuerungszwecke erfüllen.

Die entsprechende Qualitätsbeschreibung muss auf der Ebene des einzelnen Produktes (dem Einzelstück) erfolgen. Damit können Leistungen (sachzielverbundene Entstehung des Dienstleistungsproduktes) quantifiziert und mit den quantifizierbaren Kosten (Kosten- und Leistungsrechnung) verglichen werden. Dabei sollten

- die Anforderungen an die Qualität des Dienstleistungsergebnisses (Ergebnisqualität) weit überwiegend von den Kunden formuliert werden,

- die Qualität des Leistungsprozesses (Prozessqualität) durch die Standards bei der Leistungserstellung abgebildet werden
- die Qualität des Dienstleistungsangebotes durch die Abbildung der Standards der Bereithaltung der Dienstleistung (Strukturqualität) deutlich werden

Für das Qualitätsmanagement von Führungskräften sozialer Dienstleistungen bedeutet dies: Nur Produkte, die nach Qualität und Quantität (im IST-Zustand) beschrieben sind,

- bieten Ansatzpunkte für Qualitätsmanagement
- können Grundlage für Kosten- und Leistungsrechnungen sein
- bieten Ansatzpunkte für Effektivitäts- und Effizienzoptimierung

Wenn qualitative und quantitative Beschreibungen von Dienstleistungsprodukten für das Qualitätsmanagement durch Führungskräfte vorausgesetzt werden, ist als Nächstes zu klären, was man sich unter der „Qualität" sozialer Dienstleistungsprodukte vorstellen kann.

3. Was meint „Qualität" bei sozialen Dienstleistungsprodukten?

Wenn wir im Alltag von „Qualität" sprechen, meinen wir damit in der Regel, „etwas hat eine besondere Güte".

Im betrieblichen Zusammenhang wird mit Qualität hauptsächlich die Beschaffenheit, Art, Form, Umfang und der Prozess der Entstehung eines Produktes oder einer Dienstleistung beschrieben.

> **Definition:**
>
> Qualität ist (nach DIN EN ISO 9004) „die Gesamtheit von Eigenschaften und Merkmalen eines Produktes oder einer Dienstleistung, die sich auf deren Eignung zur Erfüllung festgelegter oder vorausgesetzter Erfordernisse beziehen."

Der Begriff „Qualität"

- ist – anders als im Alltagsgebrauch – neutral und kann erst in Bezug auf vorher definierte Anforderungen (zum Beispiel des Kunden) bewertet werden
- ist nichts Absolutes, sondern bezieht sich auf die Beschaffenheit einer Leistung im Vergleich zur vorherigen Festlegung einer Leistung
- lässt sich nicht durch eine einzige Größe beschreiben, sondern setzt sich aus einer Summe unterschiedlicher Merkmale und Eigenschaften in allen Qualitätsaspekten (Eingangs-, Struktur-, Prozess- und Ergebnisqualität) zusammen
- muss durch vereinbarte Verfahren (Beobachtung, Messung, diskursive Beurteilung von Fachleuten, Kundenaussagen etc.) gemessen werden können
- ist dynamisch, wenn die Anforderungen und Erwartungen dynamisch sind (kontinuierlicher Verbesserungsprozess)

Je nachdem, was untersucht werden soll, werden folgende Qualitätsaspekte unterschieden:

Qualitätsaspekt	**Was wird betrachtet?**	**Was wird bewertet? Worauf wird abgezielt?**
Strukturqualität	Rahmenbedingungen für die Dienstleistung, Bereitstellung von Ressourcen, das Angebot	Angemessene Voraussetzungen, dass ein effizienter Prozess zu einem effektiven Ergebnis führen kann
Prozessqualität	Der Prozess der Dienstleistungserstellung, Prozessschritte, Ablauf, der Einsatz von Ressourcen	Effizienz (Output), wirtschaftlicher Einsatz von Ressourcen
Ergebnisqualität	Wirkungen, Nutzen für Adressaten, Zielerreichung	Effektivität (Outcome), möglichst hoher Kundennutzen

Standards: Kern des Qualitätsmanagements

Die Qualität unterschiedlicher Produkte oder Leistungen kann in verschiedenen Qualitätsdimensionen interessant sein bzw. untersucht und entwickelt werden. Um beurteilen zu können, ob die Qualität „gut" ist, müssen allerdings in jeder Dimension Standards entwickelt und vereinbart worden sein, an denen sich ein Produkt oder eine Dienstleistung messen kann.

Kernsätze zur Qualität
■ **Voraussetzungen** Eindeutige Organisationsziele und ein Katalog von beschriebenen Dienstleistungsprodukten ■ **Qualität** Nicht höchstmögliche, sondern definierte Mindestqualität. Sie wird dargestellt in den Dimensionen Eingangsqualität, Strukturqualität, Prozessqualität und Ergebnisqualität ■ **Standards** Beschreibung der Qualität in den genannten Dimensionen mit Indikatoren (Messgrößen in ausgewählten Messfeldern) ■ **Qualitätssicherung** Zielt nicht auf immer höhere Qualität, sondern auf die organisationsweite Garantie vereinbarter Qualität

Diese Standards werden durch eine geeignete Auswahl von Indikatoren näher bestimmt: Ein Indikator bestimmt in einem Messfeld bestimmte Messgrößen (Ausprägungen), die einer Messung oder Beobachtung – jedenfalls einer verifizierbaren Beurteilung – zugänglich sind. Solche Indikatoren versuchen die Prozessqualität zu erfassen in den Dimensionen

- Mensch
- Material

- Maschine
- Methode
- Milieu

und die Ergebnisqualität in den Dimensionen

- Beschaffenheit (Ausmaß, Form, Größe, Gewicht etc.)
- Nutzen bzw. Funktion

Qualitätsindikatoren, Messfelder, Messgrößen

- **Indikator**
  - ein Merkmal, das etwas anzeigt
    ein Umstand oder Merkmal, das als beweiskräftiges Anzeichen oder als Hinweis auf etwas dient
  - woran merke ich, dass …
- **Messfeld**
  - ein Bereich, in dem ich den Standard messen will/kann, in dem ich den Standard sichtbar, darstellbar machen kann/will (zum Beispiel Zeit, Menge, Größe, Häufigkeit, Qualifikation)
- **Messgröße**
  - der Wert, der für den Qualitätsstandard ausschlaggebend ist, der Wert, der im Messfeld ermittelt wird (zum Beispiel 30 Minuten, 15 Fälle, 4 qkm, 3-mal die Woche, sozialpäd. Fachkraft)

In den Messfeldern kann mit Hilfe von Messgrößen angegeben werden, wann ein Standard erreicht wird. Die Messgrößen können sowohl Punktbestimmungen („ist erfüllt ja/nein, genau 72 kg" etc.) wie auch Näherungswerte („… darf nicht weniger als und nicht mehr als …") und Minima bzw. Maxima („… muss mindestes erreichen/… darf … nicht überschreiten …") sein.

Beispiele für Qualitätsstandards

Zur Qualität einer Beratung könnte unter anderem folgender Standard existieren:

Standards und Indikatoren		
Ziel	**Messfelder**	**Messgrößen**
Die Beratung eines suchtmittelabhängigen Klienten führt in der Regel innerhalb von 5 Stunden Beratungszeit in nicht länger als 3 Monaten, zu einer qualifizierten Diagnose und einem Therapievorschlag	▪ Schriftliche Diagnose	▪ Vorhanden: ja/nein
	▪ Schriftlicher Therapievorschlag	▪ Vorhanden: ja/nein
	▪ Zeitprotokolle der Beratungsstunden mit Datum der Erstberatung und Datum für Diagnose und Therapievorschlag	▪ In 80 % aller Beratungsgespräche dauern die Gespräche nicht länger als 5 Stunden, erster und letzter Termin liegen nicht mehr als 90 Tage auseinander
	▪ Diagnose und Therapievorschlag wurden mit dem Klienten abgesprochen, akzeptiert und mit dem Wunsch nach Unterstützung für eine Therapievermittlung verbunden	▪ Schriftliche Einverständniserklärung des Klienten zum Therapievorschlag; 50 % aller Klienten bitten um Unterstützung bei Therapieplatzsuche
	▪ Diagnose und Therapievorschlag wurden im Beraterteam diskutiert und als fachlich richtig bewertet	▪ Protokoll der Fallbesprechung mit Dokumentation der Zustimmung

Zur Qualität eines Gutachtens könnte unter anderem folgender Standard existieren:

Standards und Indikatoren		
Ziel	**Messfelder**	**Messgrößen**
Gutachten für das Personalreferat zum Zwecke der Verbeamtung auf Lebenszeit von Anwärtern werden kurzfristig und mit dem geringstlichen Aufwand erstellt	■ Die betreffenden Aufträge sind als Gutachten einer Kategorie erkennbar	■ Die Kenntlichma machung eines Auftrages erfolgt bei Eingang zu 95 % mit einer speziellen Mappe
	■ Auftragseingang und Untersuchungstermin liegen i.d.R. nicht mehr als 10 Arbeitstage auseinander; Untersuchungstermin und Fertigstellung des Gutachtens liegen nicht mehr als 3 Werktage auseinander	■ Nicht mehr als 10 % all dieser Gutachten werden später als 20 Arbeitstage nach Auftragseingang versandt
	■ Die Untersuchungen beschränken sich weitgehend auf die vom Auftragsgeber geforderten Bereiche, das schriftliche Gutachten enthält mit wenigen Ausnahmen nur Angaben zu den vom Auftraggeber gewünschten Bereichen	■ 85 % aller Gutachten enthalten nur Aussagen zu Bereichen, die mit einer vereinbarten Checkliste übereinstimmen
		■ Ein Gutachten verursacht nicht mehr als DM 243,– Erstellungskosten

4. Qualität: Planung, Lenkung, Sicherung, Verbesserung

In allen Dimensionen von Qualität müssen die Standards definiert werden, die dann Gegenstand von Messung und Kontrolle – als Inhalt von Qualitätssicherung – sind.

Dabei ist der Prozess des Qualitätsmanagements, der Weg von der garantierten Soll-Qualität zum Prozess der ständigen Verbesserung schematisch gesehen immer der gleiche:

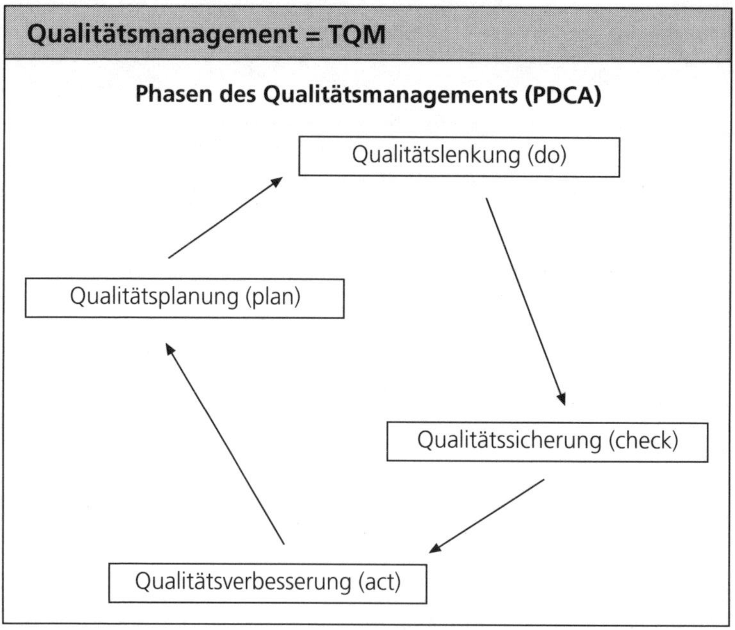

Qualitätstechniken

Einige Techniken, mit denen Qualität auch im sozialen Dienstleistungsbetrieb beschrieben, gesichert und weiterentwickelt werden kann, sollen im Folgenden kurz dargestellt werden.

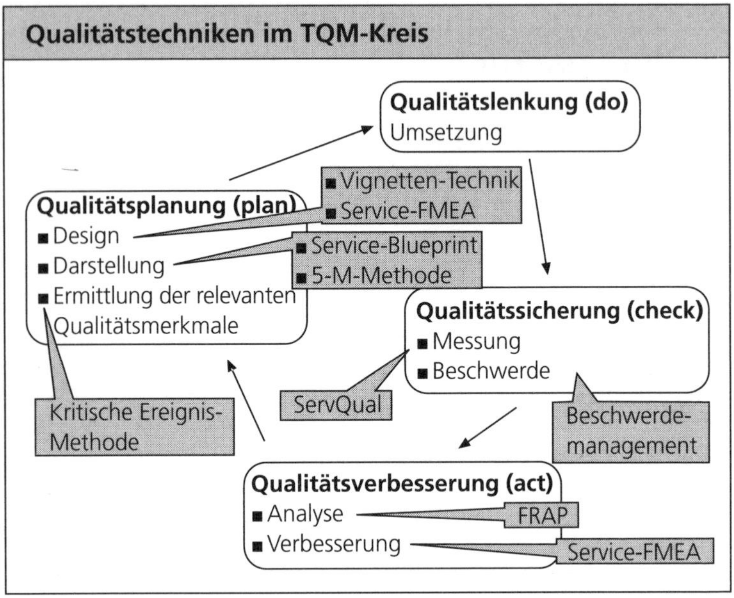

Besonders geeignet zur Gestaltung der Prozessqualität sind folgende Techniken:

5-M-Methode (plan: Darstellung)

Ziel

Beschreibung der Prozesskette, in denen eine Dienstleistung entsteht

Vorgehen

- System abgrenzen (Beginn und Ende der zu betrachtenden Leistungskette)
- Beschreiben jedes einzelnen Schrittes, in dem die Fragen nach den 5 Ms beantwortet werden
- Ergänzende Analyse nach Bedarf (z. B. Zeitrahmen, Ressourcenbedarf, „line of visibility", Wertanalyse etc.)

Die 5-M's der Prozessqualität

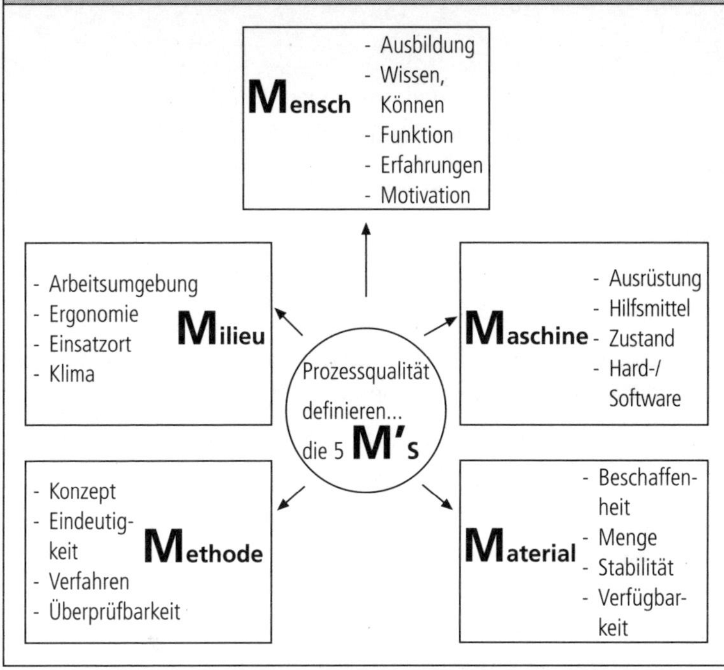

Service-Blueprinting (plan: Darstellung)

Ziel

Visualisierung und Ablaufgestaltung von Dienstleistungsprozessen

Vorgehen

- System abgrenzen (Beginn und Ende der zu betrachtenden Leistungskette)
- Aufzeichnen der Abläufe mit Norm-Symbolen
- Suche und Markierung von Fehlerquellen in der Leistungskette
- Ergänzende Analyse nach Bedarf (Zeitrahmen, Ressourcenbedarf, „line of visibility", Wertanalyse etc.)

Sequenzielle Ereignismethode/SEM (plan: Ermittlung der relevanten Qualitätsmerkmale)

Ziel

Erfassung von positiven und negativen Kundenerlebnissen und -eindrücken an den „Kontaktpunkten" zur Optimierung der Dienstleistung an den vom Kunden sichtbaren Prozessschritten

Vorgehen

- Aus dem Service-Blueprint die Schritte herausfiltern, die oberhalb der „line of visibility" sind
- Zu diesen Ereignissen die Kunden befragen nach ihren positiven wie negativen Erlebnissen (offene Interviewfragen)
- Verdichten der Aussagen zu kritischen und positiven Merkmalen des Dienstleistungsprozesses
- Optimierung der Dienstleistung ausgehend von den Ergebnissen an den Kontaktpunkten

Frequenz-Relevanz-Analyse von Problemen/FRAP (act/Qualitätsverbesserung: Analyse)

Ziel

Prioritätensetzung bei der Auswahl der zu optimierenden Qualitätsprobleme

Vorgehen

- Erstellung einer Liste mit den wichtigsten Problemen
- Ausarbeiten eines Fragebogens, der Kunden vorgelegt wird mit den zwei Dimensionen der (vorher beispielsweise durch ServQual, SEM etc. ermittelten) Qualitätsprobleme: Häufigkeit des Auftretens und Grad der Relevanz des Qualitätsproblems beim Kunden
- Datenerhebung mit dem Fragebogen

- Darstellung der Ergebnisse in einem Portfolio
- Bearbeitung der so ermittelten hoch priorisierten Qualitätsprobleme zuerst

Fehlermöglichkeits- und -einflussanalyse/Service – FMEA (act/Qualitätsverbesserung: Verbesserung)

Ziel

In einem interdisziplinären Team (eventuell inklusive Kunden und Lieferanten)

- Fehler frühzeitig erkennen
- Fehlerursachen feststellen
- Auswirkungen von möglichen Fehlern abschätzen und bewerten
- Maßnahmen zur Fehlervermeidung bzw. Abminderung der Fehlerfolgen einsetzen

Vorgehen

- Stammdaten in FMEA-Blatt eintragen (welche Dienstleistung, Datum, beteiligtes FMEA-Team)
- Prozess(abschnitts)beschreibung an der Stelle, an der der/die Fehler auftreten
- Murphy's Gesetz anwenden: „Alles, was schief gehen kann, geht schief!"
- Fehlerfolgen für jeden gefundenen Fehler aus Sicht von Kunden bewerten
- Fehlerursachen finden
- Für jede Fehlerursache die Auftretenswahrscheinlichkeit (auf einer Skala von 1-10) bewerten

- Für jede Fehlerursache die Bedeutung für den Kunden (auf einer Skala von 1-10) bewerten
- Risiko der Fehlerursache errechnen (Risikozahl = Auftretenswahrscheinlichkeit x Bedeutung für den Kunden)
- Vermeidung der Fehlerursachen planen entsprechend der Höhe der Risikozahl
- Wirkung der Maßnahmen abschätzen
- Abschließend (nach Umsetzung der Maßnahme) die neue Risikozahl ermitteln

Besonders geeignet zur Gestaltung der Ergebnisqualität sind folgende Techniken:

Vignetten-Technik (plan: Design)

Ziel

Die ausschlaggebenden Qualitätsmerkmale neuer/geplanter Dienstleistungen zu finden.

Vorgehen

- „Geistesblitze" von Mitarbeitern der geplanten Dienstleistung sammeln
- Zielgruppe für die Dienstleistung festlegen
- Vorbefragung zur Gewinnung kritischer Qualitätsmerkmale
- Festlegen der kritischen Qualitätsmerkmale
- Ausarbeiten der Ausprägungen der kritischen Qualitätsmerkmale
- Durchführung der Hauptbefragung; Auswertung der Hauptbefragung

ServQual (check/Qualitätssicherung: Qualitätsmessung)

Ziel

- Erfassung eines differenzierten Bildes des subjektiven Erlebens aus Kundensicht mit Hilfe eines standardisierten Fragebogens in fünf Feldern
- Darstellung von Dienstleistungsqualität als Differenz von Erfahrung zu Erwartung (Dienstleistungsqualität = Erfahrung – Erwartung)

Vorgehen

- Zweimalige Befragung von Kunden in den fünf Standardbereichen:
  - Materielles/Umfeld
  - Zuverlässigkeit
  - Entgegenkommen
  - Souveränität
  - Einfühlungsvermögen

  Das erste Mal: Befragung von Erwartungshaltungen bezüglich der fünf Bereiche zu einer bestimmten Dienstleistung mit Bewertung nach einer 7-stelligen Skala

  Das zweite Mal: Befragung zu den gleichen Merkmalen nach Inanspruchnahme der Dienstleistung

  Dann: Vergleich der Antworten und Ausweisung der Differenz zwischen Erwartung und Erfahrung

Beschwerdemanagement (check/Qualitätssicherung: Beschwerden)

Ziel

- Kunden zufrieden stellen und für eine positive Mundpropaganda sorgen
- Schwachstellen erkennen und vermeiden, Fehlerkosten senken
- durch Wiedergutmachung Kunden binden

- (juristische) Auseinandersetzungen mit Kunden vermeiden
- Gewährleistungsversprechen einlösen

Vorgehen

- Beschwerden stimulieren
- Beschwerden annehmen
- Beschwerden bearbeiten
- Systematische Beschwerdeanalyse
- über Beschwerden informieren (Transparenz!)
- Lösungsansätze zur Beseitigung der Beschwerdegründe erarbeiten

5. Der Aufbau von Qualitätsmanagement

Aufbau und Implementierung von Qualitätsmanagement in sozialen Dienstleistungsorganisationen ist nur denkbar in einem mehrjährigen, gestuften Entwicklungsprozess, der letztendlich alle Teile der sozialen Einrichtung oder der Sozialorganisation erfasst.

Aufbau und Implementierung Qualitätsmanagement

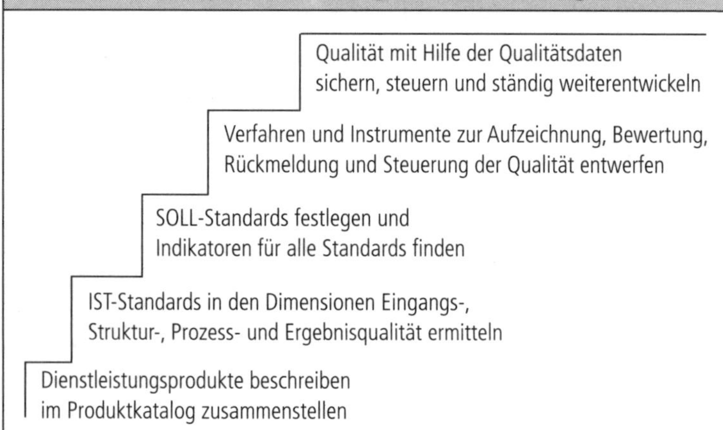

In jedem Fall muss am Anfang eines solchen Prozesses die Verständigung in der Organisation über die „obersten" Werte, Normen und strategischen Ziele der sozialen Dienstleistungsorganisation stattfinden, die erst die Grundlage bilden, auf der Führungskräfte und Mitarbeiter einen solchen Prozess mit Aussicht auf Erfolg beschreiten können.

Beispiel: Einführungsstrategie Qualitätsmanagement	
▪ Information der Organisationsmitglieder ▪ Entwurf einer Einführungsstrategie ▪ Erarbeitung eines Leitbilds ▪ Erarbeitung der Qualitätspolitik ▪ Aufbau der Projektorganisation	▪ Ersteigen der „Qualitätstreppe" für die Leistungen ▪ Produktunabhängige Qualität optimieren ▪ Zusammenstellung in Qualitätshandbuch ▪ Kontinuierliche Verbesserung

Qualitätsmanagementkonzepte und Zertifizierungen: DIN EN ISO, EFQM und das Konzept von Donabedian

DIN EN ISO 900x

Zertifizierung nach den Normen der DIN EN ISO ist wohl durch seine weite Verbreitung und das durch autorisierte Prüfungsinstitutionen vergebene Qualitätszertifikat noch immer das bekannteste Qualitätssystem. Allerdings beziehen sich die Normen weniger auf die inhaltlichen Qualitätsforderungen an die jeweilige soziale oder gesundheitliche Dienstleistung, sondern weit überwiegend auf Art der Nachweisführung, Dokumentation und die Regelung der Verantwortlichkeiten dafür.

DIN EN ISO 9000

**Qualitätsmanagement- und Qualitätssicherungsnormen
Leitfaden zur Auswahl und Anwendung**

Externe Darlegung

DIN EN ISO 9001
Qualitätsmanagementsysteme – Modell zur Qualitätssicherung/QM-Darlegung in Design, Entwicklung, Produktion, Montage und Wartung

DIN EN ISO 9002
Qualitätsmanagementsysteme – Modell zur Qualitätssicherung/QM-Darlegung in Produktion, Montage und Wartung

DIN EN ISO 9003
Qualitätsmanagementsysteme – Modell zur Qualitätssicherung/QM-Darlegung bei der Endprüfung

Interne Qualitätsmanagementziele

DIN EN ISO 9004
Qualitätsmanagement und Elemente eines Qualitätssicherungssystems

– Leitfaden –

Teil 2:
Dienstleistungen

Die Ursprünge der Entwicklung dieses Qualitätssystems liegen in der industriellen Serienfertigung und bedürfen einer entsprechenden Anpassung und Übertragung auf den sozialen Dienstleistungsbereich, wenn die Zertifizierung mehr sein soll als ein der besseren Vermarktung dienendes, „offizielles" Prüfsiegel ohne spürbaren zusätzlichen Kundennutzen. Ein Vorteil besteht in der Motivation von Mitarbeitern, die sich durch ein von externen Qualitätsinstanzen „objektiviertes" Qualitätsziel anregen lassen.

Zertifizierung nach DIN EN ISO ist eine Möglichkeit, Verfahren zu entwickeln, die nach innen eine kontinuierliche Qualitätssicherung implementieren und nach außen eine anerkannte Dokumentation des Qualitätsmanagements versprechen. Die neueste Fassung ISO 9000 : 2000 nähert sich an das EFQM-System an.

Elemente des EFQM-Qualitätsmodell

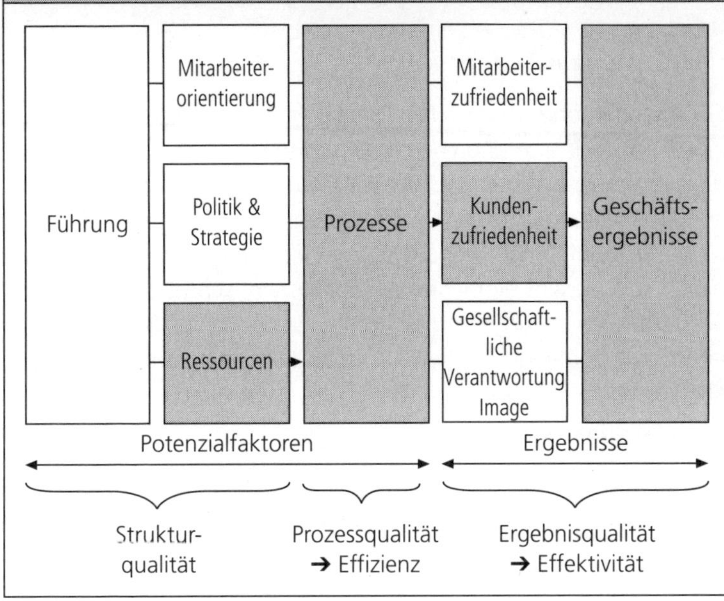

Das EFQM-Modell ist ein Verfahren zur Qualitätsbestimmung, das im Wege der Selbstevaluation mit Hilfe von Leitfäden durchgeführt wird. Es greift über die stark produkt- und prozessgebundenen Qualitätskriterien der DIN ISO – Kriterien hinaus, indem es Fragen der Führung, der Mitarbeiterorientierung und -zufriedenheit, der Politik und Strategie sowie der gesellschaftlichen Verantwortung und des gesellschaftlichen Images des Dienstleisters stärker thematisiert. Das Qualitätsmanagementsystem wurde von vornherein auch für Dienstleistungsorganisationen und öffentliche Institutionen entwickelt, so dass die Adaptionsnotwendigkeiten für soziale Dienstleister geringer sind. Die im Wege der Selbstevaluation mit Unterstützung von autorisierten Beratern erhobene und optimierte Qualität vertraut stärker auf die eigene Qualitätsbewertung und die der jeweiligen Kunden, ohne dafür ein extern legitimiertes Zertifikat anzustreben, solange sich die jeweilige Unternehmung nicht für den European Quality Award (EQA) bewirbt.

Ansatz von Donabedian

Für grundlegend im sozialen Dienstleistungsbereich halte ich die einfache Strukturierung von Qualität durch Avedis Donabedian [4], der bereits ab Anfang der 70er Jahre am Beispiel stationärer medizinischer Versorgung die Qualitätsbereiche „Struktur", „Prozess" und „Ergebnis" für Dienstleistungen definiert und beschrieben hatte. Mit diesem einfachen Modell lassen sich auch in kleineren und mittleren sozialen und gesundheitlichen Dienstleistungsunternehmungen mit geringerem Aufwand als mit komplexen TQM-Modellen Qualitätsanalysen, Qualitätsentwicklung und Qualitätssicherung erreichen.

Unabhängig davon, nach welchem Modell Qualitätsmanagementsysteme aufgebaut werden sollen, kommt es darauf an, die Bewertung und Festlegung der Ergebnisse der Dienstleistungsprozesse möglichst aus der Sicht der Nutzer und Auftraggeber der sozialen oder gesundheitlichen Dienstleistung bewerten zu lassen und die Standards darauf hin zu orientieren. Von dieser erwünschten Qualität ausgehend können dann die Standards der Dienstleistungsprozesse und des Dienstleistungsangebots abgeleitet werden.

Wichtig: Für die Qualität der sozialen Dienstleistung ist letztendlich entscheidend, ob es gelingt, Qualitätsmanagement im „Geist" der Dienstleistungsorganisation zu verankern und Mitarbeiter davon zu überzeugen, dass das beständige Streben nach Qualität ein Inhalt des Alltags sozialer Dienstleister werden muss.

Dies kann nur dann gelingen, wenn durch umfassendes Qualitätsmanagement sich die praktischen Resultate einstellen, die im folgenden Abschnitt zusammengefasst beschrieben werden.

6. Die Resultate in der Praxis

Schnell wird klar, worum es geht, wenn man sich die praktischen Ziele und Veränderungen ansieht, die mit Qualitätsmanagement erreicht werden sollen. Ziel für Qualitätsmanagement bei Dienstleistungen ist die

- Transparenz
- Standardisierung
- Steuerbarkeit
- Optimierung
- Darstellbarkeit
- Legitimation

von Angebot, Prozess und Ergebnis der Dienstleistung.

Die praktischen Ergebnisse sind

- die Sicherheit für die Klienten, dass sie garantiert immer und überall – egal von welchen Mitarbeitern und in welchem Organisationsteil – eine beschriebene, transparente Qualität von sozialer Dienstleistung erhalten (Effektivität, Zuverlässigkeit, Qualitätsanspruch für BürgerInnen/KlientInnen)
- die Reduzierung der Fehlermöglichkeiten von Mitarbeitern und Führungskräften durch eindeutige Anleitungen, Vorgaben, Verfahren und Hilfsmittel
- organisationsweit mehr Transparenz über Fälle (Anzahl und Art) und Leistungen (Menge und Schritte der Bearbeitung)
- kurzfristig verfügbare Steuerungsinformation durchgängig vom Mitarbeiter bis zur Organisationsleitung (durchgängiges, einheitliches Berichtswesen, das nachgefertigte Statistiken überflüssig macht)

- die Vergleichbarkeit der Bearbeitung hinsichtlich fachlicher Abwicklung und Aufwand, dadurch mehr Gerechtigkeit in der Arbeitsverteilung (Effizienzsteuerung und -optimierung)
- mehr Transparenz über die Verantwortlichkeit von Mitarbeitern, Leitungskräften und Gesamtorganisation zu jedem Zeitpunkt von Fallbearbeitung (Managementsystem)
- stärkere Unterstützung von Leitung durch klare Verantwortungszuweisung im QM-System und Unterstützung durch Instrumente (Formulare, Checklisten manuell und gegebenenfalls in der EDV, Besprechungssystem)
- mehr Transparenz für Kooperationspartner an den Schnittstellen (Ämter, Auftraggeber, externe Dienstleister)
- Einheitlichkeit und Effizienz in der Einarbeitung neuer Mitarbeiter (schnellerer Erfahrungstransfer in der Organisation zu neuen oder noch unerfahreneren MitarbeiterInnen; d. h. eine schneller lernende Organisation mit gesicherter und organisationsweit verfügbarer Erfahrung)
- einheitlich verfügbare Hilfsmittel, Anleitungen für das Qualitätsmanagement (Qualitätssicherungsdokumente)
- Verminderung der Anzahl unterschiedlicher Formulare und Einheitlichkeit der Formulare und Dokumente in der gesamten Organisation (interne und externe Vorgangstransparenz)
- verstärkte Einsatzmöglichkeiten von EDV zur Informationsverarbeitung in Echtzeit und Effizienzsteigerung aller Geschäftsvorgänge
- weniger Aufwand und dadurch Arbeitserleichterung für Mitarbeiter, wenn sie sich mehr und mehr an eine erprobte und fachlich ständig untermauerte, sichergestellte und im Qualitätsmanagementsystem „erzwungene" Routine halten können, die einen Zugewinn an Klarheit in der juristischen, organisatorischen und fachlichen Verantwortung bringt

Die Liste wäre fortzusetzen, aber sie beschreibt bereits die Messlatte, an der sich die Praxis eines Qualitätsmanagements bei einer sozialen Dienstleistungsorganisation messen lassen muss. Und das gilt gleichermaßen für jedes „System" von Qualitätsmanagement, nach welchem dies erreicht werden soll, sei es im Versuch, Dienstleistungsprozesse nach den Verfahren zur Zertifizierung entsprechend den Normen der ISO 9000, nach dem Europäischen Qualitätsmodell (EFQM) und/oder nach den Grundlagen der Dienstleistungsqualität, wie sie Donabedian beschrieben hat.

So gesehen kann der Auf- und Ausbau von Qualitätsmanagement bei sozialen Dienstleistungsorganisationen nur einen durch Führungskräfte initiierten und abgesicherten, von allen Mitarbeitern betriebenen kontinuierlichen Entwicklungsprozess bedeuten, der in der alltäglichen Praxis Selbstverständnis, Ziele, Verfahren, Aufgaben und Methoden so verändert, dass die bestmögliche Qualität von sozialer Dienstleistung für Klienten erreicht werden kann. Auch der längste Weg beginnt mit dem ersten Schritt.

7. Literaturhinweise

[1] *Bobzien, Monika u.a.:* Qualitätsmanagement, Alling 1996

[2] *Boskamp, Peter:* Führung und Leitung in sozialen Organisationen – Handlungsorientierte Ansätze für neue Managementkompetenz, Neuwied 1999

[3] *Decker, Franz:* Das Große Handbuch Management für soziale Institutionen, Landsberg a.L. 1997

[4] *Donabedian, Avedis:* Explorations in Quality Assessment and Monitoring, Ann Arbor Mich. 1980

[5] *Gehrmann, Gerd/Müller, Klaus:* Management in sozialen Organisationen – Handbuch für die Praxis Sozialer Arbeit. Regensburg, Berlin 1999

[6] *Göbel, Elisabeth:* Das Management der sozialen Verantwortung, Berlin 1992

[7] *Goldstein, Charlotte:* Führungskonzepte für soziale Dienstleister. Praxis-Handbuch zur Mitarbeitermotivation, Regensburg, Berlin 2000

[8] *Hauser, Albert u.a.:* Sozial- Management. Praxis- Handbuch soziale Dienstleistungen, Neuwied 2000

[9] *Institut für Technologie und Arbeit – Verband Kath. Einrichtungen und Dienste für lern- und geistigbehinderte Menschen e.V. (Hrsg.):* Einführung eines Qualitätsmanagementsystems (QMS) orientiert an SYLQUE, Freiburg im Breisgau, 1998

[10] *Schlatter, Cornelia:* Die Ermittlung des Bedarfs an sozial-kommunikativen Qualifikationen bei Führungspositionen der Dienstleistungsbranche, Mering 1998

[11] *Schubert, Hans-Joachim/Zink, Klaus:* Qualitätsmanagement in sozialen Dienstleistungsunternehmen, Neuwied 1997

Das EFQM-Modell in der Anwendung durch Führungskräfte

7

Claudia Brasse und Michael Kohlgrüber

1. EFQM – European Foundation for Quality Management

Die EFQM wurde 1988 von 14 führenden europäischen Unternehmen mit dem Ziel gegründet, europäische Unternehmen auf dem Weg zu exzellenten Leistungen zu unterstützen. Um zu solchen Spitzenleistungen zu kommen, wurde ein Referenzmodell entwickelt, das eine Selbstbewertung von Unternehmen erlaubt und den Weg zu ständigen Verbesserungen leistet. Dieses Excellence-Modell der EFQM ist die Grundlage für die Vergabe des Europäischen Qualitätspreises (European Quality Award; EQA), der 1991 eingeführt wurde. Die Bewerbung um den Preis erlaubt es europäischen Unternehmen, ein Feedback von externen Assessoren zu erhalten, die Stärken und zu verbessernde Bereiche aufzeigen. Der Qualitätspreis wurde im Laufe der folgenden Jahre auf ein weites Spektrum von Organisationen ausgedehnt: Ausgehend von größeren Unternehmen wurden eigene Kategorien für den öffentlichen Sektor, für kleine und mittelständische Unternehmen und für einzelne Unternehmenseinheiten eingerichtet.

Die EFQM hat heute über 750 Mitglieder aus 36 Ländern. Als gemeinnützige Organisation auf Mitgliederbasis bietet sie eine Reihe von Dienstleistungen und Austauschmöglichkeiten für ihre Mitglieder an. Wesentlicher Bestandteil ihrer Arbeit sind die Benchmarking-Dienstleistungen. Auf ein- bis zweitägigen Veranstaltungen über Benchmarking-Gruppen bis hin zu Benchmarking-Projekt-Gruppen bietet die EFQM ein breites Spektrum an Möglichkeiten, damit europäische Organisationen voneinander lernen und sich auf dem Weg zur Exzellenz auf ein breites Netzwerk stützen können. Im Zuge der Benchmarking-Aktivitäten werden Organisationen in die Lage versetzt, beste Praktiken zu identifizieren und Verbesserungsmöglichkeiten für die eigene Organisation auszuloten. Auf den Winners Conferences stellen sich die EQA-Gewinner vor und erläutern ihre Wege zur Exzellenz.

Grundprinzipien des EFQM-Modells

Das Excellence-Modell der EFQM ist eine Grundstruktur zur (Selbst-) Bewertung von Unternehmen, die so offen gehalten ist, dass sie unterschiedlichen Vorgehensweisen von Organisationen auf dem Weg zur Exzellenz Rechnung trägt. Das Modell basiert auf acht Grundprinzipien.

Grundlegende Konzepte in verschiedenen „Reifestadien“ einer Organisation

	Grundlegendes Konzept	Anfänge	On the way	Reife Organisation
1	Ergebnisorientierung	Alle relevanten Interessengruppen sind identifiziert.	Die Bedürfnisse der Interessengruppen werden auf strukturierte Art und Weise bewertet.	Es gibt transparente Mechanismen, um die Erwartungen der Interessengruppen auszubalancieren.
2	Kundenorientierung	Die Kundenzufriedenheit wird bewertet.	Ziele und Teilziele mit den Kundenbedürfnissen und -erwartungen werden verknüpft. Aspekte der Loyalität werden untersucht.	Treibende Kraft bzgl. Kundenzufriedenheit; Bedürfnisse und Aspekte der Loyalität werden verstanden, gemessen und lösen Maßnahmen aus.
3	Führung und Zielkonsequenz	Vision und Mission sind formuliert.	Politik, Mitarbeiter und Prozesse sind auf die Vision/Mission ausgerichtet. Es gibt ein Führungsmodell.	Auf allen Organisationsebenen gibt es gemeinsame Werte und ethische Vorbilder.
4	Management mit Prozessen und Fakten	Die Prozesse zum Erzielen der gewünschten Ergebnisse sind definiert.	Vergleichsdaten und -informationen werden verwendet, um herausfordernde Ziele zu setzen.	Die Prozessfähigkeit wird voll verstanden und verwendet, um Leistungsverbesserungen voranzutreiben.

noch: Grundlegende Konzepte in verschiedenen „Reifestadien"

5	Mitarbeiterentwicklung und -beteiligung	Die Mitarbeiter übernehmen Eigentümerschaft und Verantwortung für die Lösung von Problemen.	Die Mitarbeiter arbeiten innovativ und kreativ daran mit, die Ziele der Organisation zu unterstützen.	Die Mitarbeiter sind ermächtigt zu handeln und teilen offen Wissen und Erfahrung miteinander.
6	Kontinuierliches Lernen, Innovation und Verbesserung	Verbesserungsmöglichkeiten sind identifizierbar und Maßnahmen werden ergriffen.	Kontinuierliche Verbesserung ist ein anerkanntes Ziel für alle.	Erfolgreiche Innovation und Verbesserung ist weit verbreitet und integriert.
7	Aufbau von Partnerschaften	Es gibt einen Prozess zur Auswahl und zum Managen von Lieferanten.	Verbesserungen und Leistungen von Lieferanten werden anerkannt und wichtige externe Partner wurden identifiziert.	Die Organisation und ihre wichtigsten Partner sind voneinander abhängig – Pläne und Politik werden gemeinsam entwickelt und beruhen auf dem Austausch von Wissen.
8	Verantwortung gegenüber der Öffentlichkeit	Gesetzliche und behördliche Auflagen werden verstanden und eingehalten.	Es gibt ein aktives Engagement in der Gesellschaft.	Die Erwartungen der Gesellschaft werden gemessen und in der Folge werden Maßnahmen ergriffen.

Der Aufbau des EFQM-Excellence-Modells

Führung bedeutet, ständig die Balance zwischen Fordern und Fördern zu halten. Das EFQM-Modell weist eine Struktur auf, die dem Rechnung trägt.

Es gliedert sich grob in zwei Blöcke: Die Befähiger einer Organisation, die beschreiben, was eine Organisation tut, und die Ergebnisse, anhand derer die Leistungen einer Organisation dargestellt werden. Die Befähigerseite ist die Voraussetzung für gute Ergebnisse; sie ist auf die Führungsaufgabe Fördern hin orientiert. Aus den Ergebnissen sind wiederum Konsequenzen für die Weiterentwicklung der Befähiger zu ziehen; hier ist das Fordern von guten Ergebnissen angesprochen. Von 1000 Punkten, die im Zuge einer (Selbst-)Bewertung vergeben werden, entfallen 500 auf die Befähiger und 500 auf die Ergebnisse. Im Einzelnen enthält das EFQM-Modell folgende Kriterien:

Das EFQM-Excellence-Modell besteht aus neun Kriterien, mit denen eine Organisation eine Selbstverortung auf dem Weg zur Exzellenz vornehmen kann. Bei regelmäßig durchgeführten Selbstbewertungen kann anhand des Modells festgestellt werden, ob sich die Organisation verbessert hat.

Das EFQM-Excellence-Modell

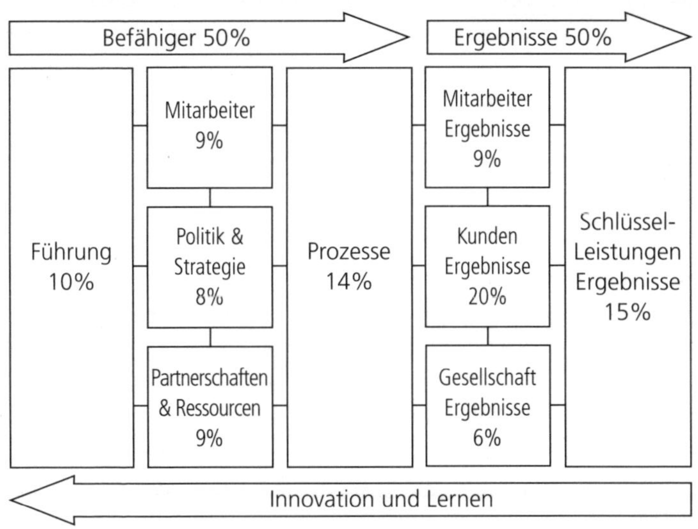

Quelle: http://www.efqm.org und http://www.deutsche-efqm.de

Kriterium 1: Führung

In diesem Kriterium wird das Engagement der Führungskräfte für ein umfassendes Qualitätsmanagement bewertet. Anhand von vier Teilkriterien lässt sich ermitteln, inwieweit Führungskräfte an der Erarbeitung von Vision und Werten für das Unternehmen beteiligt sind, inwieweit sie in Partnerschaften mit Kunden und anderen Partnern des Unternehmens involviert sind und inwieweit Führungskräfte ihre Mitarbeiter unterstützen und anerkennen.

Kriterium 2: Politik und Strategie

Anhand von fünf Teilkriterien lässt sich überprüfen, wie Strategien im Unternehmen eingeführt und über Geschäftspläne, Ziele und Prozesse umgesetzt werden. Politik und Strategie sind maßgeblich für die anderen Befähigerkriterien. Wenn diese einen Beitrag zu Politik und Strategie leisten, ist davon auszugehen, dass sich entsprechende Erfolge einstellen – vorausgesetzt, die Strategie beruht auf umfassenden Informationen über Kunden, Wettbewerber, Marktentwicklungen etc., und vorausgesetzt, dass Politik und Strategie laufend überprüft und verbessert werden.

Kriterium 3: Mitarbeiter

Mitarbeiter werden als wichtiges Potenzial des Unternehmens für nachhaltigen Unternehmenserfolg angesehen. Das EFQM-Modell basiert auf der Überzeugung, dass hervorragende Geschäftsergebnisse das Resultat kontinuierlicher Prozessverbesserungen sind, die von engagierten Mitarbeitern vorgeschlagen und umgesetzt werden. Entsprechend wird im Kriterium 3 ermittelt, was eine Organisation unternimmt, um das gesamte Potenzial von Mitarbeitern freizusetzen (Personalplanung, Personalentwicklung, Mitarbeiterbeteiligung, Kommunikation, Entlohnung, Sozialleistung, Anerkennung u. a.).

Kriterium 4: Partnerschaften und Ressourcen

Dieses Kriterium enthält Fragen, die darauf abzielen, ob Politik und Strategie durch das Eingehen von Partnerschaften (mit Kunden, Lieferanten u. a.) sowie durch einen zielgerichteten Einsatz von Ressourcen verfolgt werden.

Kriterium 5: Prozesse

Prozesse sind das Verbindungsstück zwischen den Befähigern und den Ergebnissen einer Organisation. Exzellente Ergebnisse setzen klar definierte Prozesse und eine Steuerung der Prozesse anhand von aussagefähigen Messgrößen voraus. Die Prozesse selbst basieren auf den vorausgegangenen Kriterien.

Kriterium 6: Kundenbezogene Ergebnisse

Hier werden Messergebnisse und Indikatoren untersucht, die Aussagen darüber machen, wie die Leistungen einer Organisation vom Kunden wahrgenommen werden. Kundenzufriedenheit, das Image beim Kunden, die Loyalität der Kunden sind Voraussetzungen für exzellente Geschäftsergebnisse. Aus diesen Ergebnissen werden Verbesserungsmöglichkeiten für die Befähigerkriterien (vor allem Kriterien 4 und 5) abgeleitet.

Kriterium 7: Mitarbeiterbezogene Ergebnisse

Ein wesentliches Prinzip des EFQM-Modells, das sich in diesem wie in den anderen Ergebniskriterien niederschlägt, ist die Ergebnisorientierung. Das heißt: Es genügt nicht, gute Voraussetzungen für das Engagement und die Zufriedenheit von Mitarbeitern zu schaffen; vielmehr ist auch festzustellen, ob die erhofften Effekte tatsächlich eintreten. Das geschieht beispielsweise über Mitarbeiterbefragungen und andere Indikatoren, die eine Organisation verwendet, um die Qualität und Quantität mitarbeiterbezogener Leistungen zu ermitteln.

Kriterium 8: Gesellschaftsbezogene Ergebnisse

Da ein nachhaltiger Unternehmenserfolg nach Auffassung des EFQM-Modells auch auf der Wahrnehmung von Verantwortung gegenüber der Öffentlichkeit beruht, werden auch solche Ergebnisse bewertet, die das öffentliche Engagement eines Unternehmens widerspiegeln.

Kriterium 9: Wichtige Ergebnisse der Organisation

Am Ende der Kette von Befähigern und Ergebnisgrößen stehen die Geschäftsergebnisse (jedenfalls in Unternehmen). In diesem letzten Kriterium wird nachgewiesen, ob exzellente Befähiger über exzellente Ergebnisse bei den Interessensgruppen des Unternehmens (Kunden, Mitarbeiter, Gesellschaft) auch zu exzellenten Geschäftsergebnissen führt. Der Nachweis erfolgt nicht nur anhand von finanziellen Kenngrößen (wie Umsatz, Gewinn, Aktienkurs, Dividenden), sondern auch an nicht-finanziellen Kenngrößen wie Marktanteil, Durchlaufzeiten, Fehlerraten, Produktivität etc.

2. Das EFQM-Modell: Der Nutzen für Führungskräfte

Das Excellence-Modell der EFQM fördert die nachhaltige und kontinuierliche Verbesserung der Unternehmensqualität als Ganzes. Es stellt ein Instrument dar, mit dem sich die unterschiedlichsten Aktivitäten und Projekte im Unternehmen integrieren lassen. Insofern unterstützt es die koordinativen und steuernden Aufgaben der obersten Führungsebene. Ausgehend von gemeinsam geteilten Zielen ist die wiederholte Durchführung der Selbstbewertung ein geeignetes Controlling-Instrument: Maßnahmen zur Zielerreichung werden systematisch nach Fundiertheit, Beitrag zur Strategie, Umsetzung und Erfolgskontrolle bewertet. Das Modell hilft, das in Unternehmen häufig vorfindbare bunte Treiben kurzlebiger und zusammenhangloser Initiativen zu vermeiden und diese durch fundierte und konsequent umgesetzte Maßnahmenbündel zu ersetzen.

Auch für Führungskräfte unterhalb der obersten Ebene wird der Plan-Do-Check-Act-Managementzyklus durch konsequente Anwendung des EFQM-Modells verbindlich. Die Durchführung von Reviews (bzw. internen Audits) macht Führungskräften deutlich, inwieweit durchgeführte Maßnahmen tatsächlich die erwünschten Effekte hervorgebracht haben. Sie zeigen auf, wo Korrekturbedarfe, zusätzliche Ressourcenbedarfe u. Ä. bestehen.

Durch die ausgeprägte Berücksichtigung des unmittelbaren Feedbacks von Kunden, Mitarbeitern und Öffentlichkeit erfahren Führungskräfte auch etwas darüber, wie Veränderungen von diesen Gruppen wahrgenommen werden. Gegebenenfalls sind erfolgreiche Maßnahmen auch besser zu kommunizieren, um als positiv wahrgenommen zu werden.

Last not least ist das standardisierte Vorgehen der Selbstbewertung nach dem EFQM-Modell dazu geeignet, interne (zwischen einzelnen Standorten oder Organisationseinheiten) oder externe Vergleiche mit Vorreiterunternehmen durchzuführen. Gute Praktiken lassen sich identifizieren und gegebenenfalls auf das eigene Unternehmen übertragen.

3. Welche Anwendungsmöglichkeiten empfehlen sich?

Für die Anwendung des EFQM-Modells im Unternehmen bestehen zahlreiche Möglichkeiten, von denen hier einige vorgestellt werden. Dabei ist zu betonen, dass die verschiedenen Anwendungsmöglichkeiten sich nicht gegenseitig ausschließen, sondern einander durchaus auch sinnvoll ergänzen können.

Anwendung des Kriteriums 1 (Führung): Bewertung des eigenen Führungsverhaltens

Unabhängig von der Punktebewertung im Modell spielen Führungskräfte eine Schlüsselrolle für die Exzellenz des Unternehmens. Dies zeigt die Prämisse des Exzellence-Modells:

„Exzellente Ergebnisse im Hinblick auf Leistung, Kunden, Mitarbeiter und Gesellschaft werden durch eine Führung erzielt, welche Politik und Strategie, Mitarbeiter, Partnerschaften und Ressourcen sowie Prozesse auf ein hohes Niveau vorantreibt."

Diese grundsätzliche Philosophie des EFQM-Modells spiegelt sich auch im folgenden Bild wider:

Führungskräfte sind dafür zuständig, die notwendigen Rahmenbedingungen zur Erreichung von Spitzenleistungen zu schaffen. Zudem ist es ihre Aufgabe, alle Anstrengungen so zu bündeln, dass gemeinsame Ziele erreicht werden. In Kriterium 1 des EFQM-Modells wird die Führung des Unternehmens hinsichtlich ihres Beitrages zur Business Excellence bewertet. Die Elemente dieses Kriteriums können von Führungskräften also durchaus auch für eine einfache, schnelle und pragmatische Einschätzung ihres eigenen Verhaltens genutzt werden.

In den 4 Teilbereichen zum Kriterium Führung wird bewertet, inwieweit

1a die Führungskräfte die Mission, die Vision und die Werte erarbeiten und als Vorbilder agieren für eine Kultur der Excellence;

1b die Führungskräfte durch persönliche Mitwirkung sicherstellen, dass das Managementsystem der Organisation entwickelt, eingeführt und kontinuierlich verbessert wird;

1c die Führungskräfte sich um Kunden, Partner und Vertreter der Gesellschaft bemühen und inwieweit

1d die Führungskräfte die Mitarbeiter der Organisation motivieren und unterstützen und ihre Leistungen anerkennen.

Entscheidend für die persönliche Einschätzung ist es, konkrete Nachweise für systematisches und vorausschauendes Handeln zu benennen sowie für eine umfassende Umsetzung und kontinuierliche Überprüfung und Verbesserung desselben. Hierfür kann die EFQM-Bewertungsmatrix genutzt werden, die in den entsprechenden Bewertungsbüchern der EFQM vorgegeben ist.

Wem die EFQM-Bewertungsmatrix (noch) zu kompliziert ist, der kann auch die Fragen des EFQM-Fragebogens zu Einschätzung des Führungsverhaltens heranziehen. Dieser differenziert nicht nach den 4 Teilbereichen und ist daher noch ein wenig gröber als das Vorgehen anhand der Bewertungsmatrix. Da das Ziel einer solchen Selbsteinschätzung aber ohnehin vorrangig die Anregung des Nachdenkens über das eigene Verhalten und über Verbesserungsmöglichkeiten ist, stellt auch der Fragebogen eine durchaus gangbare Alternative dar.

EFQM-Fragebogen zum Führungsverhalten

Frage	D	C	B	A
▪ Wirken die oberen Führungskräfte persönlich und sichtbar an der Formulierung der strategischen Aussagen zur Geschäfts-Ausrichtung und -Kultur mit (zum, Beispiel Erklärung zum Daseinszweck der Organisation), die die Qualitätsziele der Organisation und den Begriff „interner Kunde" einschließen? Spielen die oberen Führungskräfte eine Schlüsselrolle in der Vermittlung dieser Ziele und Werte?	D	C	B	A
▪ Wirken alle Führungskräfte persönlich mit bei der Prozessüberprüfung, dem Engagement zur Qualitätsverbesserung, und welchen Einfluss hat deren Beteiligung auf die Beurteilung ihrer Persönlichkeit und ihrer Beförderungsaussichten?	D	C	B	A

noch: EFQM-Fragebogen zum Führungsverhalten

■ Sind alle Führungskräfte persönlich an der rechtzeitigen Anerkennung der Leistungen beteiligt, die durch Einzelpersonen und Teams bei Verbesserungsdurchführungen erbracht werden?	D | C | B | A
■ Nehmen alle Führungskräfte Kunden- und Lieferantenkontakte wahr und sind sie aktiv und initiativ daran beteiligt?	D | C | B | A
■ Vertreten die oberen Führungskräfte in Beispielen und Taten überzeugend die Qualitätswerte ihrer Organisation und werden diese Werte überall in ihrer Organisation allgemein angewendet?	D | C | B | A

Quelle: EFQM, 1995

Die Skalierung hat folgende Bedeutung:

D: Noch nicht begonnen; einige gute Ideen, aber im Allgemeinen herrscht eher Wunschdenken vor = 0 %.

C: Gewisse Fortschritte; einige Anzeichen tatsächlicher Entwicklung, gelegentliche Überprüfung, in Teilbereichen erfolgreiche Realisierung = 33 %.

B: Beträchtliche Fortschritte; klarer Nachweis für gute Umsetzungen, regelmäßige Überprüfung, noch nicht überall umgesetzt = 66 %.

A: Vollständig erreicht; ein im Ganzen hervorragendes Vorgehen oder Ergebnis, eine Vorbildfunktion, Verbesserungen kaum vorstellbar = 100 %.

Nachdem der Fragebogenteil durch einfaches Ankreuzen ausgefüllt wurde, ergibt sich aus den jeweiligen Prozentzahlen der Erfüllungsgrad je Teilfrage. Die Summe der Prozentsätze geteilt durch die Anzahl der Fragen zeigt den Stand des Führungsverhaltens insgesamt.

Bewertung und Verbesserung einzelner Organisationseinheiten

Für die Anwendung des EFQM-Modells in der eigenen Abteilung bieten sich für Führungskräfte prinzipiell zwei Vorgehensweisen an: Zum einen können in einer pragmatischen und wenig aufwendigen Variante einzelne Elemente, die besonders wichtig und/oder verbesserungswürdig erscheinen, herausgenommen und nach und nach bearbeitet werden; zum anderen kann das Modell als Ganzes für die Selbstbewertung der Abteilung genutzt werden, wobei einzelne Elemente (Politik und Strategie, Kundenzufriedenheit etc.) auf die spezifischen Gegebenheiten der jeweiligen Abteilung zugeschnitten und definiert werden müssen.

In vielen Unternehmen berichten Führungskräfte davon, dass sie die Teilkriterien und die zugehörigen Anhaltspunkte des EFQM-Modells für die Verbesserung der eigenen Arbeit und ihrer Organisationseinheit nutzen. Dem Modell kommt dabei vorwiegend die Rolle als Impulsgeber und Ideenlieferant zu. Dem Vorteil des geringen Aufwands und des hohen Pragmatismus steht der Nachteil gegenüber, dass das Modell so seine größte Stärke, nämlich die ganzheitliche Betrachtung der Unternehmens- (oder Bereichs-)qualität einbüßt.

Aus diesem Grund kann dem Aufwand einer kompletten Selbstbewertung eines Bereiches oder einer Abteilung im Unternehmen ein ungleich höherer Nutzen gegenüberstehen. Hierzu muss in einem vorausgehenden Schritt zunächst festgelegt werden, welche Bedeutung die Teilkriterien für den jeweiligen Unternehmensteil haben (zum Beispiel „Wer sind unsere – internen – Kunden?“). Danach erfolgt die Sammlung, Auflistung und Bewertung der Vorgehensweisen und Ergebnisse zu den einzelnen Kriterien des Modells. Hieraus sind entsprechende Ziele und Maßnahmen abzuleiten, die wiederum zu bewerten sind, und so ergibt sich ein kontinuierlicher Zyklus der Verbesserung. Führen mehrere Unternehmenseinheiten eine Bewertung nach dem EFQM-Modell durch, so ist es darüber hinaus möglich, untereinander Vergleiche durchzuführen, sich also zu „benchmarken“ und von guten Lösungen anderer zu lernen.

Bewertung und Verbesserung des Gesamtunternehmens

Soll das EFQM-Modell zur Bewertung und Verbesserung des gesamten Unternehmens genutzt werden, so spielt die Geschäftsführung die tragende Rolle im Prozess.

Für die Selbstbewertung eines Unternehmens bieten sich verschiedene Vorgehensweisen an, die sich hinsichtlich des Aufwands deutlich unterscheiden. Die folgende Tabelle gibt einen Überblick, welche Methode für welchen Typ von Organisation empfehlenswert ist:

Methoden zur Selbstbewertung			
	Wenig Aufwand	**Mittlerer Aufwand**	**Hoher Aufwand**
Am Anfang	Einfacher Fragebogen Standardmatrix	Standardfragebogen	Detaillierter Fragebogen Maßgeschneiderte Matrix
Auf dem Weg	Fragebogen + Workshop Matrix + Workshop	Formulare Moderierter Workshop	Simulation einer Preisbewerbung Formulare und Workshop
Reife Organisation	Geeigneter Fragebogen	Formulare	Simulation einer Preisbewerbung

Quelle: EFQM, 1999

Die Bewertung mit dem EFQM-Fragebogen

Dies ist eine pragmatische Vorgehensweise, die Unternehmen einen ersten Überblick über ihren derzeitigen Stand verschafft. Üblicherweise wird der Fragebogen von Unternehmen eingesetzt, die sich noch nicht mit dem Modell befasst haben und am Beginn des Weges zur Business Exzellence stehen.

Es besteht die Möglichkeit, den Standard-Fragebogen der EFQM einzusetzen, der allerdings recht komplex ist und ein Grundverständnis des Modells und der Bewertungsphilosophie voraussetzt (siehe Seite 193). Auch müssen die verwendeten Begrifflichkeiten vorab geklärt werden. Der Vorteil der Anwendung des Standardfragebogens liegt (neben dem eingesparten Entwicklungsaufwand) darin, dass sich alle Beteiligten auf die EFQM-Philosophie einlassen (müssen) und somit auch schon für den weiteren Prozess gerüstet sind.

Alternativ können Unternehmen selbstverständlich auch eigene, angepasste Fragebögen entwerfen. Hierbei ist neben den generellen methodischen Anforderungen der Fragebogenentwicklung jedoch speziell drauf zu achten, dass der Grundgedanke des Modells erhalten bleibt.

Die Bewertung anhand einer Matrix

Diese EFQM-Bewertungsmethode ermöglicht eine einfache und schnelle Bewertung des eigenen Bereichs/Unternehmens. Bezogen auf die neun Kriterien des Modells wird eine Punkteskala von 1 bis 10 angewendet. Jeder Punkt ist beispielhaft mit Aussagen hinterlegt, welche Anforderungen eine Organisation erfüllen muss, um die entsprechende Punktzahl zu erreichen. Damit erfüllt diese Methode einen – zu Anfang – häufig von Unternehmen geäußerten Wunsch, klare Hinweise zu erhalten, welche Punktzahl vergeben werden soll.

Die Matrix ist ähnlich wie der Fragebogen eine Methode, die sich am ehesten für Unternehmen eignet, die am Anfang eines umfassenden kontinuierlichen Verbesserungsprozesses nach dem EFQM-Modell stehen. Sie liefert zwar schnelle Ergebnisse, ist aber nicht so exakt wie etwa die simulierte Preisbewerbung. Sie beruht stärker auf den Meinungen der Befragten als auf Nachweisen, und sie liefert keine Stärken und Verbesserungsbereiche.

Die Bewertung anhand von Workshops

Bei dieser Bewertungsmethode beginnt ein Team von Führungskräften mit der Sammlung von Daten im Unternehmen. Im Unterschied zu den oben genannten Methoden werden hier Nachweise in Form von Zahlen-Daten-Fakten für die Bewertung herangezogen.

Im Workshop selbst präsentiert eine Führungskraft für ein bis zwei Kriterien die Nachweise, die zuvor gesammelt wurden. Gemeinsam im Team werden die Stärken und Verbesserungsbereiche zum Kriterium gesammelt und eine Punktebewertung vergeben. Nach Durchlaufen aller neun Kriterien liegt eine fundierte Bewertung eines Bereiches oder des gesamten Unternehmens vor.

Diese Methode hat den Vorteil, dass das EFQM-Modell dem Führungsteam des Unternehmens (bzw. Bereichs) nahe gebracht wird. Mit der Datensammlung zu Beginn wird eine für den Selbstbewertungsprozess sehr grundlegende Aufgabe durchgeführt, die bei den oben genannten Bewertungsmethoden noch nicht erfolgt. Diese Form der Selbstbewertung beruht stärker auf Fakten, weniger auf Meinungen. Zudem liefert sie Stärken und Verbesserungsbereiche des Unternehmens, die zur Grundlage für Aktionspläne herangezogen werden können.

Die Bewertung anhand von Formularen

Bei dieser Methode werden Führungskräfte und Mitarbeiter anhand eines Standardformulares befragt, das sehr eng an den umfassenden Bewertungsmodus für eine simulierte Preisbewerbung angelehnt ist. Allerdings ist der Umgang mit dem Formular weniger aufwendig, da gezielt nach den Stärken und Verbesserungsbereichen sowie nach Punktzahlen für die einzelnen Bewertungskriterien gefragt ist. Eine vollständige Darstellung des Unternehmens ist also nicht notwendig.

Achtung: Der Nachteil dieser Bewertungsmethode liegt darin, dass die Zusammenfassung der Standardformulare aller Befragten durch die subjektive Sichtweise des Zusammenfassenden beeinflusst ist und dadurch kein umfassendes Bild von der Organisation liefert.

Die Bewertung anhand einer simulierten Preisbewerbung

Diese Methode entspricht dem Vorgehen, wenn sich eine Organisation um den Europäischen Qualitätspreis (EQA) bewirbt. Dazu wird eine vollständige Dokumentation erstellt, die beinhaltet, welche Vorgehensweisen und Ergebnisse ein Unternehmen – entlang der Struktur der Kriterien und Teilkriterien – realisiert hat. Dabei ist durchweg zu berücksichtigen, dass zu allen Aussagen plausible Nachweise geliefert werden können. Anhand dieser ausführlichen Dokumentation wird Folgendes bewertet.

Befähigerkriterien

- *Das Vorgehen:* Ist es fundiert und integriert? Fundiert meint, ob das Vorgehen begründet ist und ob angemessene Werkzeuge/Instrumente verwendet wurden. Integriert meint, ob das Vorgehen aus Politik und Strategie abgeleitet und mit anderen Aktivitäten abgestimmt ist.
- *Die Umsetzung:* Es wird überprüft, inwieweit ein Vorgehen erst pilothaft oder bereits unternehmensweit realisiert ist.
- *Bewertung und Überprüfung:* Bei diesem Kriterium wird die kontinuierliche Verbesserung jedweden Vorgehens beurteilt. Das heißt: Es werden systematisch Messgrößen verwendet und aus den Messungen Verbesserungsaktivitäten abgeleitet, deren Wirksamkeit bei der nächsten Selbstbewertung wiederum geprüft wird.

Ergebnisse

- Weist ein Unternehmen über mindestens drei Jahre positive Trends bei seinen Ergebnissen auf?
- Setzt es sich selbst Ziele und werden diese Ziele erreicht?

- Werden Benchmarks mit anderen Unternehmen durchgeführt?
- Lassen sich Ergebnisse auf das Vorgehen zurückführen?
- Betreffen die Ergebnisse alle Prozesse, Produkte, Dienstleistungen eines Bereichs/Unternehmens oder nur einzelne?

Natürlich können die verschiedenen Methoden auch miteinander verknüpft werden. So kann es beispielsweise sehr sinnvoll sein, für einen ersten Überblick im Rahmen der Selbstbewertung einen Fragebogen einzusetzen und die Ergebnisse nachfolgend in Workshops zu vertiefen.

4. Ergebnisse und Erfahrungen

Das EFQM-Modell ist etwas anderes als bekannte Qualitätsmanagement-Zertifizierungen nach DIN ISO 9000, VdA 6.1 oder QS 9000. Es gibt dafür kein Zertifikat. Es ist vielmehr eine Hilfe für Unternehmen – und auch andere Organisationen –, den Weg zu einer exzellenten Organisation anzutreten. Dazu ermöglicht es eine Verortung, wo Sie derzeit stehen, und eine Orientierung, wo Verbesserungen möglich sind. Konsequent angewendet, fällt die Zertifizierung nach o. g. Systemnormen als Nebenprodukt ab. Ein Unternehmen, das sich auf dem Weg zur Exzellenz befindet, ist den Normen und Audits immer einige Schritte voraus.

Der Weg zur Business Excellence erfordert allerdings einen langen Atem; der Erfolg stellt sich nicht von heute auf morgen ein. Die kontinuierliche Verbesserung der Qualität eines Bereiches oder eines gesamten Unternehmens lebt von der jährlichen Verbesserung. Konsequent angewendet, führt es auf die Dauer zu hervorragenden Ergebnissen – angefangen bei den Geschäftsergebnissen, weiter über die Kundenzufriedenheit bis hin zur Mitarbeiterzufriedenheit. Wenn Sie möchten, können Sie sich beim Landhotel Schindlerhof selbst ein Bild davon machen. Dieses Unternehmen hat 1998 den Europäischen Qualitätspreis für selbstständige kleine und mittelständische Unternehmen gewonnen [3]. Der umfassende Verbesserungsprozess nach dem EFQM-Modell ist allerdings anstrengender als herkömmliches Qualitätsmanagement. Hatten Sie sonst für solche Fragen eine eigene QM-Abteilung, so sind Sie nun selbst gefordert, eine umfassende Qualität in den Beziehungen zu Ihren Interessensgruppen – Kunden, Lieferanten, Aktionäre, Mitarbeiter, Öffentlichkeit u. a. – zu realisieren.

Wichtig: Engagement der Führungskräfte

Praktische Erfahrungen mit der Einführung des EFQM-Modells zeigen, wie wichtig das persönliche Engagement von Führungskräften ist. Hier genügt es nicht, die Aufgaben zu delegieren. Sie als Führungskraft müssen sie persönlich wahrnehmen. Dann sind auch Mitarbeiter dazu bereit, diese Anstrengung auf sich zu nehmen, weil sie merken, dass es dem Unternehmen ernst damit ist. Dies ist umso wichtiger, weil Mitarbeiter schon häufig befragt und um Verbesserungsvorschläge gebeten worden sind. Wenn bereits eine lange Liste mit Vorschlägen seit Monaten in der Schublade liegt, wird der Elan von Mitarbeitern zu einem neuen Verbesserungsprojekt wohl ausbleiben. Es schadet dann nicht, Bilanz zu ziehen, was in der Vergangenheit schon mal angefangen, aber nicht zu Ende geführt wurde.

Zum Schluss soll eines deutlich betont werden: In diesem Buchbeitrag ist viel über Bewerten und Überprüfen geschrieben worden. Dies ist zwar ein wichtiger Schritt, um festzustellen, wo Sie stehen und wo Ihre Verbesserungsmöglichkeiten liegen. Das Vorgehen soll aber keinesfalls dazu dienen, Personen zu kontrollieren, nach Schwächen zu bohren und den Finger immer wieder in solche Wunden zu legen. Vielmehr gilt Folgendes:

Das EFQM-Modell ist für erfolgreiche Unternehmen gedacht, die noch erfolgreicher werden wollen. Es soll die Bereiche identifizieren helfen, die noch verbessert werden können.

5. Literaturhinweise

[1] *EFQM:* Bestimmung der Qualität von Unternehmensleistungen – die Fragebogen-Methode, o. O. 1995

[2] *EFQM:* Excellence bewerten – eine praktische Anleitung zur Selbstbewertung, o. O. 1999

[3] *Kobjoll, Klaus (2000):* Abenteuer European Quality Award, Zürich 2000

[4] *Zink, Klaus:* Total Quality Management as a Holistic Management Concept. The European Model for Business Excellence, Berlin 1998

Mitarbeiterbeteiligung: Managementkonzepte und innovative Beteiligungsformen

8

Rüdiger Eschenbach und Walter Heering

1. Die aktuelle Relevanz – Motive für Führungskräfte

Kapital- und Liquiditätsbeschaffung, Kapital- und Arbeitskosten, Umgang mit den Humanressourcen sowie betriebliche Produktivität sind Schlüsselprobleme der Wettbewerbsfähigkeit von Unternehmen und entscheiden insoweit nicht zuletzt über Höhe und Stabilität der Beschäftigung in einer Volkswirtschaft.

Darüber hinaus ist die Verteilung von Ertragschancen und Ertragsrisiken immer auch eine Frage von Fairness und Gerechtigkeitsvorstellungen, berührt also nicht nur den Wohlstand des Einzelnen, sondern ebenso das soziale Gefüge innerhalb einer Unternehmung und der Gesellschaft.

Bei sich angleichenden Produktionskonzepten wird der Mensch zum Mittelpunkt des Unternehmens, gewinnt die Motivation der Belegschaft wie der Führungskräfte verstärkt an Bedeutung. Ein positiver Zusammenhang zwischen mitarbeiterbezogener Unternehmensführung und wirtschaftlichem Erfolg konnte empirisch mehrfach bestätigt werden, obschon die kausalen Zusammenhänge längst noch nicht hinreichend geklärt sind [1/20].

Vor diesem Hintergrund erhält die Diskussion um Mitarbeiter(kapital)beteiligung erneute Aktualität [u. a. 8/18]; und nicht zuletzt die unbefriedigende Beschäftigungslage vor allem in den östlichen Bundesländern hat hier zusätzliche Akzente gesetzt. Dabei stehen sowohl die Mitarbeiterpartizipation im immateriellen Sinne, in Form von Beteiligung an Prozessen der Entscheidungsfindung, als auch die Beteiligung der Arbeitnehmer am Produktivkapital und oder an den Unternehmenserträgen (materielle Beteiligung) im Fokus des Interesses. „Mitarbeiterbeteiligung, richtig eingesetzt, bedeutet Gewinn für alle" [16].

In den jüngsten beteiligungspolitischen Debatten kann man drei Dimensionen verorten:

- die vermögenspolitische Dimension
- die beschäftigungspolitische Dimension
- die partizipationspolitische Dimension

Vermögenspolitische Dimension

Bei der ersten Dimension geht es um Bestand, Verteilung und Sicherheit von Vermögen sowie um Höhe und Risiko von Vermögenserträgen; vordergründig betrachtet geht es um das isolierte Interesse der Arbeitnehmer (Kapitaleinkommen).

Beschäftigungspolitische Dimension

Bei der zweiten Dimension stehen die unternehmerische Verfügung über Kapital bzw. Liquidität sowie die Frage von Kosten und Produktivität im Mittelpunkt; scheinbar handelt es sich um den eingeschränkten Blickwinkel der Unternehmen (Stärkung des Unternehmens und damit Sicherung von Beschäftigung).

Partizipationspolitische Dimension

Bei der dritten Dimension geht es um die Beziehung zwischen Arbeitnehmern und Arbeitgebern, wie sie mit Stichworten wie Mitwirkung, Mitbestimmung, Teilhabe, Kooperation, Partnerschaft, Identifikation mit dem Unternehmen und Unternehmenskultur umschrieben werden.

Die gemeinschaftliche Perspektive, die hier offensichtlich ist, existiert bei näherem Hinsehen aber auch bei den beiden ersten Dimensionen Mensch und Motivation. Die gilt es zu betonen, weil Mitarbeiterbeteiligung zuweilen als „Null-Summen-Spiel" begriffen wird, bei dem eine Seite nur auf Kosten der anderen Seite gewinnen könne. Durch Ausblendung möglicher Kooperationsgewinne entstehen Denk- und Handlungsblockaden, die Fortschritte in der Diskussion und Umsetzung verhindern.

Warum Mitarbeiterbeteiligung?

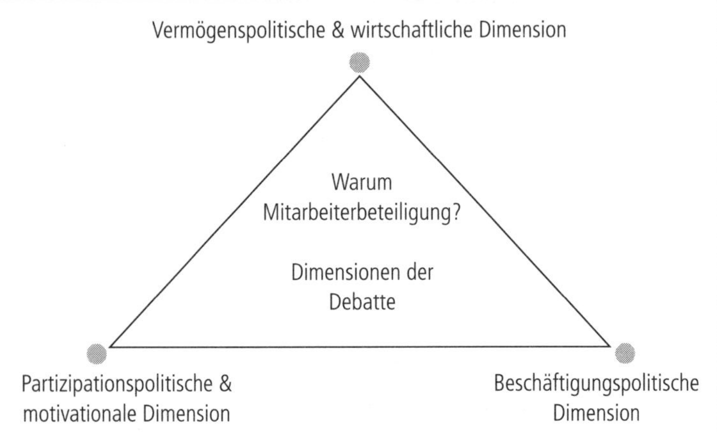

Es liegt auf der Hand, dass den Führungskräften eines Unternehmens für die Einführung und Praktizierung von Mitarbeiterbeteiligung eine entscheidende Rolle zukommt. In diesem Lernimpuls soll der Schwerpunkt auf der materiellen Beteiligung der Mitarbeiter liegen und erörtert werden, welche Rolle Führungskräfte bei der Einführung solcher Beteiligungskonzepte übernehmen sollten. Zu bedenken ist freilich, dass meist erst in der Verknüpfung von materiellen mit immateriellen Partizipationsangeboten positive Wirkungspotenziale vollständig genutzt werden können.

2. Verbreitung, Varianten und Ziele

In der Bundesrepublik Deutschland spielte die Beteiligung von Mitarbeitern am Kapital ihrer Unternehmen bislang eine im internationalen Vergleich eher geringe Rolle, obschon in jüngster Zeit eine durchaus bemerkenswerte Zunahme zu verzeichnen ist. Nach Angaben der Arbeitsgemeinschaft Partnerschaft in der Wirtschaft e.V. (AGP) gab es in Deutschland 1986 ca. 1 500 Unternehmen mit Kapitalbeteiligungen der Mitarbeiter. In den letzten zehn Jahren stieg diese Zahl um 1 000 Unternehmen. Davon befinden sich rund 300 Unternehmen in den neuen Bundesländern.

Der Kapitalwert der Beteiligungen stieg im gleichen Zeitraum von ca. 7,6 Mrd. DM auf etwa 25 Mrd. DM. Belegschaftsaktien hatten daran den weitaus größten Anteil mit einer Steigerung von 6,5 Mrd. DM auf 21,9 Mrd. DM. Insgesamt sind etwa 2 Mio. Arbeitnehmer an ihren Unternehmen beteiligt, das sind 6,7 Prozent aller Arbeitnehmer (2,4 Prozent der Bevölkerung), mit einem durchschnittlichen Beteiligungskapital von ca. 12 500 DM.

Diese Angaben der AGP sind allerdings mit gewissen Vorbehalten zu besehen, da es hierzu in Deutschland keine neueren repräsentativen Untersuchungen gibt.

Varianten der Mitarbeiterbeteiligung

Es gibt viele Varianten der Mitarbeiterbeteiligung, die mit unterschiedlichster Zielsetzung praktiziert werden. Nicht jede Form eignet sich in gleicher Weise zur Erreichung jeder der Zielvorstellungen, und nicht alle Ziele lassen sich mit einer gewählten Variante realisieren. Wichtig ist zunächst, dass es wenigstens fünf Ebenen gibt, nach denen sich Beteiligungsformen differenzieren lassen [13]: Geht es um

- materielle oder immaterielle Beteiligung?
- Erfolgs- oder Kapitalbeteiligung?
- Beteiligung am Fremdkapital oder am Eigenkapital?
- betriebliche, überbetriebliche oder außerbetriebliche Beteiligung?
- direkte oder indirekte Beteiligung?

Die möglichen Zielsetzungen von Unternehmen und ihren Mitarbeitern bei einer Beteiligung sind ebenfalls breit gefächert.

Mögliche Zielsetzungen einer Kapitalbeteiligung

- Verbesserung der Kapitalbasis bzw. Erhöhung und/oder Verbilligung der Liquidität
- Senkung und/oder Flexibilisierung der Lohnkosten
- Steigerung der Motivation der Mitarbeiter, Erhöhung der Identifikation mit dem und Bindung an das Unternehmen, somit letztlich Erhöhung bzw. Sicherung der Produktivität
- Vermögensbildung der Arbeitnehmer, die in verstärktem Maße auch für eine zusätzliche Alterssicherung eingesetzt wird
- Beteiligung bei Umstrukturierung (zum Beispiel Nachfolgeregelung, Management-Buy-Out)

Eine direkte betriebliche materielle Kapitalbeteiligung der Belegschaft am Eigenkapital des Unternehmens wird von ihren Protagonisten als ein zukünftiger Weg in die soziale Marktwirtschaft des dritten Jahrtausends gesehen. Dabei ist neuerdings die Alterssicherungsdiskussion ein zentrales Thema für die Vermögensbildung via Kapitalbeteiligung. Auch könnte die Investivlohndiskussion zu neuen Entlohnungsmodellen mit einer Aufspaltung von Lohnbestandteilen in Barlohn und Sparlohn zur Mittelaufbringung führen [13].

Aus einer jüngeren Untersuchung über Mitarbeiterkapitalbeteiligung [9] ergibt sich, dass der Erhalt des Unternehmens und die Sicherung möglichst vieler Arbeitsplätze durch eine Erhöhung des Eigenkapitals und/oder der Liquidität das vorherrschende Ziel bzw. Motiv für eine Beteiligung in Ostdeutschland darstellt. Dieses Ziel wurde in den untersuchten Fällen meist gemeinsam vom Management und von der Belegschaft (häufig vertreten durch den Betriebsrat) verfolgt. Damit unterscheidet sich die bisherige Zielsetzung in Ostdeutschland deutlich von der in Westdeutschland, wo als Ziel in erster Linie die Vermögensbildung im Zusammenhang mit einer Erhöhung der Motivation der Mitarbeiter im Vordergrund steht.

Wichtig: In der Praxis hat sich als generell sinnvoll erwiesen, möglichst die gesamte Belegschaft in eine Beteiligung einzubeziehen, um eine Spaltung der Belegschaft in Kapitalbesitzer und Nicht-Kapitalbesitzer und damit eine Schwächung der Interessenvertretung zu vermeiden. Führungskräfte spielen eine zentrale Rolle, um den Prozess der Gestaltung und Einführung für die jeweilige Abteilung und das gesamte Unternehmen mit den Mitarbeitern zu diskutieren und umzusetzen.

3. Modelle der Mitarbeiterbeteiligung

Egal ob Neugründung, mittelständisches Unternehmen, Börsenaspirant oder etablierter Konzern – für alle bietet die Mitarbeiterbeteiligung Chancen. Je nach „Reifegrad" oder Lebensphase der Unternehmen lassen sich bestimmte Grundmuster von Modellen erkennen [16]. Im Folgenden sind vier der häufigsten Modelle der Mitarbeiterbeteiligung kurz dargestellt; sie mögen Führungskräften bei der Konzeption einer materiellen Beteiligung als Ausgangsbasis dienen (ausführlich [3/6/7]).

Beteiligung an Aktiengesellschaften
(Eigenkapitalbeteiligung)

Mitarbeiter erhalten Aktien – häufig als Vorzugsaktien – des Unternehmens. Die Haftung der Aktionäre ist auf die Einlage begrenzt.

Motive und Vorteile: Vermögensbildung für alle Mitarbeiter; keine personelle Einzelförderung. In Ausnahmefällen: Liquiditätsbeschaffung des Unternehmens. Neuere Formen der Kapitalbeteiligung im Zusammenhang mit Aktiengesellschaften sind Wandelschuldverschreibungs- und Optionsmodelle insbesondere für Führungskräfte [7].

GmbH-Beteiligung/GbR-Beteiligung

(Eigenkapitalbeteiligung)

Mitarbeiter bringen Geld- und/oder Sachvermögen in das Unternehmen ein und werden so zu Gesellschaftern. Sie sind an Gewinn und Verlust beteiligt und haften bei Konkurs mit ihrer Einlage.

Motive und Vorteile: Gute Mitarbeiter werden an das Unternehmen gebunden; Einarbeitung von Nachfolgern für die Geschäftsleitung (Management-Buy-in/-Buy-out); Steigerung der Motivation der Beschäftigten; umfassendes Mitspracherecht (§§ 45 – 51 b GmbHG).

Stille Beteiligung

Mitarbeiter werden zu stillen Gesellschaftern, juristisch handelt es sich also um eine „Mischform" zwischen Eigen- und Fremdkapitalbeteiligung (§§ 230 ff HGB). Dabei besteht ein Recht auf Gewinnbeteiligung und Kontrolle über die Ertragslage des Unternehmens; eine Verlustbeteiligung kann ausgeschlossen werden.

Motive und Vorteile: Finanzierungsspielraum des Unternehmens erhöht sich; gute Mitarbeiter werden motiviert und an das Unternehmen gebunden; hohe Vertragsfreiheit; Gewinnanteile sind gewinnmindernde Betriebsausgaben; gewisse Mitspracherechte; unkompliziertes Modell für Kleinunternehmen.

Mitarbeiterdarlehen (Fremdkapitalbeteiligung)

Die Mitarbeiter stellen dem arbeitgebenden Unternehmen auf Basis eines schuldrechtlichen Vertrages (§§ 607 ff BGB) für einen festgelegten Zeitraum und Zinssatz einen bestimmten Geldbetrag zur Verfügung. In der Regel ist die Verzinsung gewinnunabhängig; damit hat die Beteiligung lediglich beschränkte Wirkung auf die Motivation. Die Beteiligten haben kein Mitspracherecht.

Motive und Vorteile: Finanzierungsspielraum des Unternehmens erhöht sich; gute Eignung als Einstieg in eine Mitarbeiterbeteiligung oder als risikoarme Ergänzung zu anderen risikobehafteten

Beteiligungsformen; Absicherung gegen das Konkursrisiko durch Bankbürgschaften, Rechtsform unabhängig.

Wichtig: Die Modelle sind immer für das einführende Unternehmen zu konkretisieren. Dabei sind in jedem Fall die einschlägigen rechtlichen Regelungen zu beachten. Grundsätzlich können Beteiligungen durch Gesetz, Tarifvertrag, Betriebsvereinbarung oder Individualvereinbarung begründet werden, wobei stets schuld- bzw. gesellschaftsrechtliche und arbeitsrechtliche Aspekte zu unterscheiden sind. Für Mitarbeiterbeteiligungen im engeren Sinne, d. h. Beteiligungen am eigenen Unternehmen, erscheinen betriebliche Vereinbarungen das probate Instrument zu sein; nur so gibt es hinreichend Flexibilität, um die je spezifischen Unternehmensbelange berücksichtigen zu können.

Finanzierung von Kapitalbeteiligungen

Zur Finanzierung eines Beteiligungsmodells (Mittelaufbringung) gibt es prinzipiell drei Möglichkeiten.

Eigenleistungen der Mitarbeiter

- Zahlungen aus Lohn oder Gehalt („Investivlohn“)
- Zahlungen aus sonstigem Einkommen und Privatvermögen
- Wiederanlage von Zinsen und Gewinnanteilen
- Anlage vermögenswirksamer Leistungen im eigenen Unternehmen nach dem 5. VermBG

Leistungen des Unternehmens

- Investive Erfolgsbeteiligung
- Firmenzuschuss nach §19a EStG
- Vorfinanzierung der Mitarbeitereigenleistung

Zuwendungen von Dritten

- Staatliche Förderung (zum Beispiel vermögenswirksame Leistungen nach dem 5. VermBG)

4. Erfolgsbeispiele und Debatten

Zahlreiche betriebliche Fallstudien und Praxisbeispiele vermitteln einen Eindruck von den unterschiedlichen und vielfältigen Gestaltungsmöglichkeiten bei einer direkten oder indirekten Gesellschaftsbeteiligung. Einige prominente Beispiele seien an dieser Stelle genannt (weitere interessante Beispiele siehe [6/3/11/16/15/19]).

Lufthansa: Ziel des Unternehmensvorstands sind 20 Prozent der Unternehmensaktien in Mitarbeiterhand; einmalige jährliche Auszahlung der Jahresprämie in bar in Höhe eines Monatsgehaltes oder um 25 Prozent erhöht in Aktien sowie zinsfreie Darlehen zum Erwerb weiterer Aktien.

DaimlerChrysler: 200 000 Arbeitnehmer haben Aktiendepots. Der Anspruch auf Entgelt in Form von Aktien wird derzeit von der Managementebene weiter auf die Mitarbeiter ausgedehnt.

Volkswagen: Interessante neue Variante, bei der die Mitarbeiter jährlich Kaufoptionen auf 10 Aktien zum aktuellen Kurs erhalten, die frühestens zwei Jahre später erworben werden können. Sinkt der Kurs, muss die Option nicht wahrgenommen werden, steigt der Kurs, hat man ein gutes Geschäft gemacht.

SAP: Mitarbeiter können 10 Prozent ihres Einkommens monatlich in einen Aktiensparplan einzahlen, aus dem SAP-Aktien mit 15 Prozent Rabatt erworben werden.

Telekom/T-Online: Beim T-Online-Börsengang waren 10 Prozent der Neu-Emissionen für die Mitarbeiter zu Vorzugsrechten und Konditionen vorgesehen.

Diese Beispiele zeigen, dass führende Großunternehmen rund 10 Prozent bis ein Viertel des Unternehmens in die Hände ihrer Mitarbeiter legen.

Demgegenüber sind die Positionen gesellschaftlicher Gruppen zur Mitarbeiterbeteiligung derzeit noch recht kontrovers, obschon die

Notwendigkeit, in dieser Frage voranzukommen, inzwischen kaum mehr prinzipiell bestritten wird.

Unterschiedliche Positionen

Eine sehr klare Position zur Mitarbeiterbeteiligung vertritt die BDA [4/5/2], die im Grundsatz von allen deutschen Arbeitgeberverbänden geteilt wird: Man sieht in der Beteiligung der Arbeitnehmer am Produktivvermögen ein wichtiges Element und ein richtiges Ziel der sozialen Marktwirtschaft, nicht zuletzt zur Stärkung der Kapitalbasis der Unternehmen und als zusätzliche Altersvorsorge der Arbeitnehmer. Dabei wird betrieblichen Beteiligungsmodellen aus prinzipiellen ordnungspolitischen Gründen der Vorzug gegenüber überbetrieblichen Fondslösungen eingeräumt.

Der DGB hat in seinen „Leitlinien für die Vermögensbildung" schon 1970 erstmals seitens der Gewerkschaften die Forderung nach einer überbetrieblichen Ertragsbeteiligung der Arbeitnehmer erhoben: Die Unternehmen sollten Gewinnanteile in von den Arbeitnehmern selbst verwaltete Fonds einzahlen, die an die Arbeitnehmer entsprechende Anteilscheine ausgeben; die Mittel der Fonds sollten Investitionen in Infrastrukturmaßnahmen zugute kommen. Im November 1997 legte die IG Metall ein Diskussionsangebot vor, in dem eine betriebliche Kapitalbeteiligung der Arbeitnehmer zur Aufstockung bzw. Einführung von Betriebsrenten unter bestimmten Voraussetzungen (insbesondere Rückzahlungsgarantie und Absicherung für den Fall der Insolvenz) als durchaus verhandlungsfähig bezeichnet wurde [14]. Bei der generellen Präferenz für überbetriebliche Fondslösungen bleibt es indes.

Die „Arbeitsgemeinschaft zur Förderung der Partnerschaft in der Wirtschaft e.V." (AGP) in Kassel fördert als zentraler Verband besonders die betriebliche Partnerschaft, worunter sie „eine vertraglich vereinbarte Form der Zusammenarbeit zwischen Unternehmensleitung und Mitarbeitern" versteht. Die AGP wurde 1950 als gemeinnütziger Verein von verschiedenen Unternehmen gegründet. Der Verein hat derzeit über 500 Mitgliedsunternehmen, die sich vornehmlich aus dem Mittelstand rekrutieren. Alle Mitgliedsunternehmen praktizieren aktive Mitarbeiterbeteiligung in der einen oder anderen Variante [1].

5. Die Rolle der Führungskräfte

Den Führungskräften eines Unternehmens kommt bei der Vorbereitung und Einführung einer Mitarbeiterbeteiligung in mehrfacher Hinsicht eine Schlüsselrolle zu.

Materielle Beteiligung

Zum einen ist die materielle Beteiligung der Führungskräfte (insbesondere am Eigenkapital des Unternehmens) selbst ein wichtiges Ziel vieler Unternehmen. Dadurch lässt sich nicht nur die Bindung der Führungsmannschaft an das Unternehmen erhöhen, vielmehr kann auf diese Weise eine Erhöhung der Führungsqualität und eine wechselseitige Abhängigkeit von Personalkosten der Führungskräfte und der Ertragssituation des Unternehmens erreicht werden, die viele Kontrollprobleme aufzuheben in der Lage sind [6].

Vorbildfunktion

Darüber hinaus kann die Beteiligung von Führungskräften eine enorme Vorbildfunktion für andere Mitarbeiter übernehmen. Vertrauen und Akzeptanz der Belegschaft gegenüber einem vorgeschlagenen Beteiligungsmodell kann so nachhaltig verstärkt werden. Nicht von ungefähr bildet eine Führungskräftebeteiligung in der Praxis häufig den ersten Schritt in Richtung auf eine allgemeine Belegschaftsbeteiligung.

Gelebte Beteiligungskultur

Schließlich wächst die Attraktivität eines Beteiligungsvorhabens vorzugsweise dann, wenn materielle und immaterielle Beteiligungsaspekte miteinander gekoppelt werden. Praktiker warnen stets davor, in der Mitarbeiterbeteiligung allein ein mechanisches Instrument zur Leistungssteigerung der Mitarbeiter sehen zu wollen. Viele erfolgreiche Beispiele – besonders auch in kleinen und mittleren Unternehmen (KMU) – zeichnen sich durch eine gelebte „Beteiligungskultur" aus, d. h. Konsensfähigkeit auch in kritischen Situationen zwischen der Belegschaft(svertretung) und dem Management, Partizipation sowie intensive und offene innerbetriebliche Kommunikation. In Fällen, in denen eine Beteiligung nicht in den Kontext einer partnerschaftlichen Unternehmenskultur eingebettet ist, die neben materiellen auch immaterielle Partizipationselemente enthält, reduziert sich die Beteiligung auf den reinen monetären Aspekt. Häufig „sterben" solche Beteiligungen schnell wieder ab.

Positive Rückkopplung

Ein weiterer wichtiger Erfolgsfaktor ist, dass das Beteiligungsunternehmen über ein zukunftsfähiges Unternehmenskonzept verfügt und/oder erfolgreich am Markt operiert. Der Erfolg bestätigt dann die Beteiligung (positive Rückkopplung).

Die genannten Erfolgsfaktoren berühren die Einstellungen, Aufgaben und Fähigkeiten der Führungskräfte: Sie prägen entscheidend die Kultur im Unternehmen und sie sind maßgeblich verantwortlich für die innerbetriebliche Kommunikation und die Unternehmensstrategie.

Gezielte Vorbereitung

Eine Mitarbeiterbeteiligung muss vom Management systematisch vorbereitet und eingeführt werden. Dabei sollten zentrale Fragestellungen beachtet und der Betriebsrat/die Belegschaft frühzeitig einbezogen werden.

Zentrale Fragen einer Kapitalbeteiligung

- Welche Ziele sollen mit der Beteiligung realisiert werden?

  (Aus Sicht der Beteiligten; aus Sicht des Unternehmens; aus Sicht neuer Managementkonzeptionen oder Zertifizierungsmodelle.)
- Welche rechtliche Form soll gewählt werden?

  (Zum Beispiel Beteiligung mit Eigen- oder Fremdkapitalcharakter?)
- Wer kann/soll sich beteiligen?

  (Kreis der Beteiligten: Wem wird sie angeboten; nur Führungskräften oder auch Mitarbeitern?)
- Wie wird die Kapitalbeteiligung ausgestaltet, d. h.
  - wie sollen die Mittel aufgebracht werden?
  - soll das Kapital abgesichert werden?
  - welche Rechte/Pflichten haben die Beteiligten?
  - wie soll die Kapitalverfügbarkeit (Kündigung und Kapitalrückzahlung) geregelt werden?
  - wie soll der Kapitalertrag verwendet werden?
  - nach welchen Kriterien richten sich „Bezugspreis" und „Rendite"?
- Welche vertragliche Basis wird gewählt?
- Wie wird die Beteiligung verwaltet?
- Wie werden Mitwirkungs-, Kontroll- und Informationsrecht geregelt?

Wichtig: Die Aufgaben des Managements enden nicht mit Einführung der Beteiligung. Kontinuierliche Modellpflege und Weiterentwicklung der Beteiligungskultur bedürfen im Sinne einer lernenden Organisation der ständigen Aufmerksamkeit von Seiten der Führungskräfte. Typische Führungskräfteaufgaben stehen damit in engem Zusammenhang: u. a. Organisations- und Personalentwicklung, Entwicklung eines partizipativen Führungsstils sowie Weiterentwicklung der Unternehmenskultur.

Um dauerhaft eine breite und gegebenenfalls hohe Beteiligung zu erreichen, muss ein attraktives Angebot für die Mitarbeiter vorliegen. Attraktiv ist ein Angebot in der Regel nur dann, wenn es sowohl den materiellen als auch den immateriellen Aspekten der Beteiligung auf allen Ebenen des Unternehmens angemessen Rechnung trägt. Das Management spielt hierbei eine entscheidende Rolle.

6. Erfolg versprechend: Eine ganzheitliche Mitarbeiterbeteiligung

Betrachtet man die Modelle der Mitarbeiterbeteiligung aus der doppelten Perspektive einer Verbesserung sowohl der Vermögensposition der Arbeitnehmer wie der Wettbewerbsposition der Unternehmen und damit der Beschäftigungssituation, dann spricht derzeit in der Tat vieles für betriebliche Beteiligungsformen, die in der Lage wären, beide Dimensionen sinnvoll zu verknüpfen. Die Erfahrung zeigt, dass Mitarbeiterbeteiligung meist auch zu einer partizipativen Unternehmenskultur in den Unternehmen führt. Derzeit besteht die Chance, dass Mitarbeiterbeteiligung zu einem geradezu paradigmatischen Beispiel werden könnte, durch innerbetriebliche Kooperationsbeziehungen überkommene Denk- und Handlungsblockaden zu überwinden. Eine ganzheitliche Mitarbeiterbeteiligung wäre damit auch ein Garant für die Gestaltung der Zukunft. Führungskräfte können diesen Prozess einleiten und gemeinsam mit ihren Mitarbeitern gestalten!

Ohne Beteiligung der Mitarbeiter hätten inzwischen erfolgreiche Unternehmen wie beispielsweise Union Chemnitz und Fahrzeugtechnik AG Dessau in den neuen Bundesländern kaum überlebt. Beispiele können zeigen, wie es prinzipiell gehen kann: Sie liefern innovative Ideen, wie etwa die kleine Aktiengesellschaft als Mitarbeiterbeteiligungsgesellschaft [9].

Bislang scheint kein Managementkonzept und kein Zertifizierungsmodell Mitarbeiterbeteiligung in dem hier vorgestellten Sinne als zusätzliches Bewertungskriterium im Rahmen von Audits erkannt zu haben. Sinnvoll könnte es daher sein, einen Standard zumindest für auditierbare Aktiengesellschaften zu haben und Qualitätspunkte entsprechend der vom Unternehmen realisierten Prozentzahl zu vergeben.

Maßstab des Erfolges könnten die Beteiligungsquote der Mitarbeiter am Kapital, die Anzahl beteiligter Mitarbeiter, der Unternehmenserfolg und einige andere in ihrer Wechselbeziehung kaum messbaren qualitativen und quantitativen Indikatoren wie Motivation, Produktivität, Krankenstand, Rate der Verbesserungsvorschläge, erhöhtes Kostenbewusstsein, Verständnis für unternehmerische Belange etc. sein.

7. Literaturhinweise

[1] *AGP – Arbeitsgemeinschaft Partnerschaft in der Wirtschaft e.V.:* Satzung der Arbeitsgemeinschaft zur Förderung der Partnerschaft in der Wirtschaft e.V.; Stand: 2. Juni 1995; http//www.agpev.de)

[2] *BDA – Bundesvereinigung der Deutschen Arbeitgeberverbände:* Presse-Information Nr. 4 vom 19.1.1998

[3] *Bundesministerium für Arbeit und Sozialordnung (Hrsg.):* Mitarbeiterbeteiligung am Produktivvermögen. Ein Wegweiser für Arbeitnehmer und Arbeitgeber, Bonn 1998

[4] *Barthel, A.:* Vermögenspolitik. Aktuelle Irrungen und Wirrungen, in: Kurz-Nachrichten-Dienst, Nr. 11 vom 10.2.1998

[5] *Barthel, A.:* Mitarbeiterbeteiligung – der Königsweg für den Standort Deutschland? Thesenpapier, in: Vetter, E.: Mitarbeiterkapitalbeteiligung – Fundament für die soziale Marktwirtschaft; Dokumentation der Arbeitsgemeinschaft Partnerschaft in der Wirtschaft e.V. und des Sozialministeriums Baden-Württemberg, Stuttgart 1998

[6] *Bertelsmann Stiftung/Prognos GmbH (Hrsg.):* Mitarbeiter am Kapital beteiligen. Leitfaden für die Praxis, Gütersloh 1997

[7] *Engberding, Toni:* Betriebliche Erfolgs- und Kapitalbeteiligungen, IG Metall Frankfurt 1999

[8] *Eschbach, H.:* Die Mitarbeiter haben eine AG für sich, in: Handelsblatt vom 16./17. April 1999

[9] *Eschenbach, R. u. a.:* Mitarbeiterbeteiligung am Produktivkapital. Erfahrungen in der ostdeutschen Metall- und Elektroindustrie; Bericht zum Projekt im Rahmen des Betriebsräteberatungsfonds der IG Metall und der BvS, Berlin 12/1999

[10] *Eschenbach, R. (Hrsg.):* Mitarbeiterkapitalbeteiligung – Eine erste Orientierungshilfe für „Einsteiger", Bericht zum Projekt im Rahmen des Betriebsräteberatungsfonds der IG Metall und der BvS, Berlin 10/1999

[11] *Fiedler-Winter, Rosemarie:* Innovative Mitarbeiterbeteiligung: Der Königsweg für die Wirtschaft, Landsberg/Lech 1998

[12] *Gaugler, E.:* Mitarbeiter als Mitunternehmer. Die historischen Wurzeln eines Führungskonzepts, in: Klimecki, Rüdiger (Hrsg.): Personal als Strategie. Mit flexiblen und lernbereiten Human-Ressourcen Kernkompetenzen aufbauen, Neuwied/Berlin 1997

[13] *Heering, W.:* Mitarbeiterbeteiligung am Unternehmen: Chancen und Risiken für die ostdeutsche Wirtschaft. Analytische Betrachtungen und empirische Befunde zu Potenzialen, Varianten, Effekten und Streitpunkten, apt-papers 1/99, Arbeitsstelle Politik und Technik/FU Berlin 11/1999

[14] *IG Metall:* Metall Pressedienst vom 28.11.1997

[15] *Maier-Mannhart, Helmut (Hrsg.):* Mitarbeiterbeteiligung: Vom Mitarbeiter zum Mitunternehmer – Beispiele aus der betrieblichen Praxis, München/Landsberg 1996

[16] *McKinsey&Company:* Mitarbeiterbeteiligung – ein Konzept der Zukunft, Düsseldorf 1998

[17] *Michaelis, J.:* Beteiligungssysteme und Arbeitsproduktivität – ein Blick auf die Theorie, in: ifo Studien, 43. Jg. 1997

[18] *Reckinger, G.:* Jeder Mitarbeiter ein kleiner Unternehmer, in: Handelsblatt vom 9. Februar 1998

[19] *SAB:* Projekt Mitarbeiterbeteiligung – Fallbeispiele, Informationen zur Wirtschaftsförderung, Sächsische AufbauBank 1999

[20] *Schneider, Hans:* Mitarbeiter-Beteiligung – Vorteile für Unternehmen und Mitarbeiter. RKW, Eschborn 1998

Die Autoren

Claudia Brasse studierte Psychologie und Wirtschaftswissenschaften an der Universität Bochum mit dem Abschluss Diplom-Psychologin. Seit 1997 ist sie in der GFAH-Unternehmensgruppe tätig. Seit 1999 ist sie Gesellschafterin in der Prospektiv GmbH, Gesellschaft für betriebliche Zukunftsgestaltung, dem Nachfolgeunternehmen der GFAH. Dort betreut sie als Projektleiterin das Themenfeld Personalentwicklung.
Homepage: www.prospektiv.de
E-Mail: brasse@prospektive-do.de

Thomas Eckardt gilt als einer der bekanntesten Selbst-Motivations- und Erfolgs-Intelligenz-Experten im deutschsprachigen Raum; Fachautor zahlreicher Veröffentlichungen, Herausgeber eigener Mental-Trainingscassetten, eines Hörbuches sowie eines Trainingsvideos zur Steigerung der Erfolgsintelligenz. Der Diplom-Psychologe verfügt über langjährige Erfahrungen im Bereich „Training und Beratung" für namhafte Unternehmen und ist seit 1989 Leiter des Trainingsinstituts „Thomas Eckardt & Koop.-Partner" in Lahnau. Thomas Eckardt hat sich darauf spezialisiert, Veränderungsprozesse zu initiieren und Führungskräften das Know-how moderner Führungstätigkeit zu vermitteln.
Homepage: www.eckardt-online.de
E-Mail: info@eckardt-online.de

Rüdiger Eschenbach ist seit 1995 selbstständiger Organisationsberater in der Sozietät Scholz & Partner. Seine Arbeitsschwerpunkte sind Organisationsentwicklung und Politikberatung (Evaluationsforschung/empirische Studien).
E-Mail: r.e.org@addcom.de

Matthias Freitag ist Diplom-Psychologe und wissenschaftlicher Mitarbeiter im Mittelstandszentrum der Technischen Universität Chemnitz. Arbeitsfelder: Hierarchiefreie regionale Produktionsnetze (Sonderforschungsbereich 457, Mittelgeber DFG); Regionale Sächsische Innovationsnetzwerke – RESI (Mittelgeber Europäische Kommission und Sächsisches Staatsministerium für Wirtschaft und Arbeit). Forschungsschwerpunkte: Kooperation kleiner und mittlerer Unternehmen; Kooperationsentwicklung, Wissensmanagement und Innovation in Netzwerken.
Homepage: www.MFreitag.de
E-Mail: matthias.freitag@mfreitag.de

Rainer Haase ist Diplom-Pädagoge und arbeitet als Organisationsentwickler, Managementberater und Trainer. Seit 1994 geschäftsführender Gesellschafter des Instituts für Beratung und Forschung in der Sozialwirtschaft (I.F.S.-GmbH) in München.
Das Institut ist als spezialisierte Unternehmensberatung für öffentliche Dienstleister, Einrichtungen und Träger sozialer Dienste, ambulante und stationäre Einrichtungen des Gesundheitssektors tätig.
Arbeitsfelder von Rainer Haase sind: Beratung, Fortbildung und Organisationsentwicklung für Unternehmen der Sozialwirtschaft, den öffentlichen Dienst und in der gewerblichen Wirtschaft zu den Schwerpunkten, Management und Leitung, Mitarbeiterführung, Personalauswahl, Entwicklung und Durchführung von Assessments; Personalentwicklung, Optimierung von Effektivität und Wirtschaftlichkeit, „Neue Steuerung"; Auf-und Ausbau des Qualitätsmanagements spezifisch für soziale und öffentliche Dienstleistung, strategische Konzeptentwicklung; Aufbau und Durchführung von Personalentwicklungskonzepten für Führungskräfte in der gewerblichen Wirtschaft.
Homepage: www.ifs-muenchen.de
E-Mail: rjhaase@ifs-muenchen.de

Walter Heering ist promovierter Wirtschaftswissenschaftler; seine Arbeitsschwerpunkte liegen u. a. im Bereich der Unternehmens-, Transformations- und Vereinigungsforschung.
Er arbeitet an der Freien Universität Berlin an der Arbeitsstelle Politik und Technik des Fachbereiches Politik- und Sozialwissenschaften.
E-Mail: heering@zedat.fu-berlin.de

Walter Hofmann ist Betriebs- und Führungspädagoge und berät Unternehmen, Verwaltungen und Non-Profitorganisationen bei der Personal-, Organisations- und Unternehmensentwicklung. Tätigkeitsfeld des Instituts ist die Konzeption und Unterstützung von gezielten Lern- und Entwicklungsprozessen für Einzelne, Teams und Organisationen. Schwerpunkte: Führungskräfteentwicklung, Outplacement, Konzept- und Strategieentwicklung, Change-Management, Mitarbeiterbefragungen, Training und Coaching. Walter Hofmann leitet mit Wolfram Theymann zusammen das Institut für angewandte Betriebspädagogik.
Homepage: www.IfaBP.de
E-Mail: whofmann@IfaBP.de

Frank Jetter ist Personalentwickler und Projektleiter bei der Gesellschaft für Organisationsentwicklung. Studium in Bochum und anschließend wissenschaftlicher Mitarbeiter an der Ruhr-Universität Bochum. Arbeitsschwerpunkte sind Personal- und Organisationsentwicklung sowie Qualifizierung von Führungskräften in Zusammenarbeit mit verschiedenen Unternehmen. Themenschwerpunkte: Zielsysteme und Führungskultur im Unternehmen, Qualifikations- und Potenzialanalysen, Qualifizierung von Führungskräften, Personalgespräche, Einführung von Gruppenarbeit und Teamstrukturen sowie Kontinuierlichen Verbesserungen (KVP), Information und Kommunikation im Unternehmen.
E-Mail: Frank.Jetter@ruhr-uni-bochum.de

Michael Kohlgrüber studierte Wirtschafts- und Sozialwissenschaften an der Universität Dortmund mit dem Abschluss Diplom-Ökonom. Seit 1995 ist er in der GFAH-Unternehmensgruppe tätig. Seit 1999 ist er Gesellschafter in der Prospektive GmbH, Gesellschaft für betriebliche Zukunftsgestaltung, dem Nachfolgeunternehmen der GFAH. Dort betreut er als Projektleiter Themenfelder entlang der Schnittstelle von Unternehmenssteuerung und Personal- und Organisationsentwicklung.
Homepage: www.prospektive.de
E-Mail: kohlgrueber@prospektiv-do.de

Gunnar Kunz ist promovierter Diplom-Psychologe und als Unternehmensberater und Management-Trainer in der Beratergruppe „netzwerk pro" in Ginsheim bei Frankfurt am Main tätig.
Homepage: www.netzwerkpro.de
E-Mail: Dr.Gunnar.Kunz@t-online.de

Rainer Siewers studierte Physik, Soziologie, Philosophie und Betriebswirtschaft in Hamburg, Marburg/Lahn und Frankfurt a. M.. Er ist als interner Berater im Unternehmensverbund Deutsche Telekom und als Unternehmensberater und Management-Trainer in der Beratergruppe netzwerk pro in Ginsheim bei Frankfurt am Main tätig.
Homepage: www.netzwerkpro.de
E-Mail: rainersiewers-sc@t-online.de

Dr. Rainer Skrotzki ist Akademischer Oberrat an der Ruhr-Universität Bochum und Gesellschafter der GEFO GmbH, Gesellschaft für Organisationsentwicklung in Dortmund; Studium in Essen und Berlin, Promotion an der Ruhr-Universität Bochum; Arbeitsschwerpunke: Organisationsentwicklung, Personalentwicklung, Entgelt-/Leistungssysteme, Qualifizierung von Führungskräften, Reorganisation von Dienstleistungsunternehmen.
Homepage: www.gefo-online.de
E-Mail: Rainer.Skrotzki@gefo-online.de

Wolfram Theymann ist Betriebs- und Führungspädagoge und berät Unternehmen, Verwaltungen und Non-Profitorganisationen bei der Personal-, Organisations und Unternehmensentwicklung. Tätigkeitsfeld des Instituts ist die Konzeption und Unterstützung von gezielten Lern- und Entwicklungsprozessen für Einzelne, Teams und Organisationen. Schwerpunkte: Führungskräfteentwicklung, Konzept- und Strategieentwicklung, Change-Management, Personal- und Organisationsentwicklung als externe Dienstleistung, Mitarbeiterbefragungen. Wolfram Theymann leitet mit Walter Hofmann zusammen das Institut für angewandte Betriebspädagogik.
Homepage: www.IfaBP.de
E-Mail: wtheymann@IfaBP.de

Stichwortverzeichnis